BADOU NONGHUA

八斗农话

投资中国农场晋3时代

张亚权◎著

中国经济出版社
CHINA ECONOMIC PUBLISHING HOUSE
北 京

图书在版编目（CIP）数据

八斗农话／张亚权著．—北京：中国经济出版社，
2014.5
ISBN 978－7－5136－3248－5
Ⅰ.①八… Ⅱ.①张… Ⅲ.①农业经济—研究—中国
Ⅳ.①F32
中国版本图书馆 CIP 数据核字（2014）第 091520 号

责任编辑　杨　莹
责任审读　霍宏涛
责任印制　巢新强
封面设计　任燕飞

出版发行　中国经济出版社
印 刷 者　北京市媛明印刷厂
经 销 者　各地新华书店
开　　本　710mm×1000mm　1/16
印　　张　12
字　　数　130 千字
版　　次　2014 年 5 月第 1 版
印　　次　2014 年 5 月第 1 次
书　　号　ISBN 978－7－5136－3248－5
定　　价　68.00 元
广告经营许可证　京西工商广字第 8179 号

中国经济出版社 **网址** www.economyph.com **社址** 北京市西城区百万庄北街 3 号 **邮编** 100037
本版图书如存在印装质量问题，请与本社发行中心联系调换（联系电话：010－68330607）

序言：

新农经济的呐喊

党的十八大和十八届三中全会后，忽然之间全民皆农。农民开始重新审视自己手中的土地价值，诸多投资方将农业领域作为重点投资方向。一个不争的事实是，很多人都没有做好精细的准备。也许是为了对世人的那种蓦然冲动的点醒，也许是对自己心中农场情结的肯定，我萌发写书的意愿。

我是一个旅游规划院的院长，但我却喜欢人们称我为“规划师”，一个有原则的规划师。以“八斗农话”为题，以“观点”代替长篇大论来直抒胸臆，为农业投资方、经营者提供一个更具发展空间、更具投资价值的发展模式，彻底改变人们对农业的传统认识，从全面创新的思路为投资方和经营者掌一盏明灯。

我不是一个农业经营者，只是一个规划师，站在自己的视野里，力求全面解除中国数千年农耕文明带给从业者的思维禁锢，用自己微薄的力量、嘶哑的声音阐述新时期农业全面创新的发展业态和潮流。

我不是一个农业投资者，只是一个规划师，是一个从农村里走出来的孩子，有着近二十年的种地经验，背负家族复兴的重任，却一直没有离开农业。我了解这个行业的真实需求和这个行业的真实背景。

我不是一个农业科研专家，但我花费近十年的时间走遍了祖国的山山水水。我之所以能清楚地认知到，科技为什么没有从根本上改变农业的面貌，正是因为我没有“砖（专）家”那种喜欢走进胡同中的思维方式。

在以往的日子里，当凭借着作为规划师的良心将上百万亩土地“交给”投资方的时候，整个行业的表现令我感到无奈与悲哀。若能为投资方打造真正能赚钱的“农业”，就是中国之幸、人民之幸。行业在召唤，规划师在呐喊，我将这七年来总结的农业观点，以一个规划师的视角全面展示给世界，以一种更为有力的方式去面对这个行业，面对中国。

千条万绪，作此文——因为我是一个规划师，我要为中国农业的经营者和投资者搭一座桥。

目　录

三斗立：中国农业走入3时代

四斗联：3时代农场已成为全新的功能承载体

五斗投资：做“土豪”的本事和智慧

六斗落地：新农场投资实操演练

七斗规划：未来发展看规划

八斗畅想：看得见的未来

一斗问：

你不可不知的政策风向

连续 11 年的“一号文件”传递了什么？

在世界上任何一个国家，农业都是“一国之本”。从古代文明中的“得农者得天下”，到现代中国政府连续十几年将中央一号文件定位于“农业发展”，更有 2013 年，新一届领导班子将“三农问题”的解决提升到了一个全新的高度，自此全民皆农。大型央企、国企、私企、社会资本，千军万马进军农业，农业观光园、航天农业、农业综合体、农业主题公园、家庭农场等数十种农业业态破茧而出。在笔者走访的大部分所谓“农业项目”中，大量的政府补贴、贴息农业贷款的背后却是另一番景象：核桃树今年种下去，明年拔出来；大量温室闲置，大量农业土地荒置，农业经营者赔钱，失地农民未来堪忧……中央的一号文件，成为很多投资农业的人套取补贴的“理由”。根据对一号文件的解读，中国农业必将出现新的转机。新型城镇化、全面建成小康社会、农产品自给率、农产品安全等一个个正面的消息，使得农业的发展更加贴合实际，更加亲民，也更有希望。

不断缩水的 18 亿亩土地红线退到哪里？

记得有一次，我爬上了海拔不高但坡度却很陡的荒山，以一个规划师灵敏的嗅觉发现了一些令人无法读懂的端倪：我们地处平原，为什么在山坡上却有这么多基本农田？结合当地某位领导给的解释，笔者陷入了深深的思考——我们的城市大多建设在一马平川的平原，随着城市化的进程，大量的农田被消化掉，而与此同时国家又设置了不可突破18亿亩的红线，怎么办？占用了一块农田，就要补回一块，平原没有了，自然要往山上找，再加上宅基地的增加、丧葬用地的侵占等因素，耕地就逐渐被人为安置到了一些根本无法耕种的区域。笔者不禁要问，我国18亿亩土地红线的现状是什么样子？

一个不争事实是：我国18亿亩的土地红线正在“萎缩”，除了土地数量减少之外，污染、闲置、非法占用等问题都在威胁着我国的耕地面积，我们不能拆了城市去重塑农田，因此通过科技化、产业化来提升每亩耕地的单产，就成为了中国土地红线缩水后政府引导行业走向的重要选择。

全民小康需要农业产业升级来实现

党的十八大提出，到2020年要全面建成小康社会。要达到全民小康，城市化、工业化都不能胜任。我们面临的问题是城市已经实现小康，而真正贫困的地区在农村，城市化的福利无法达到，工业化明显不符合农村发展，所以要实现十八大的宏伟目标——全民小康，我们只能从农业入手。只有解决农业发展问题，全面激活农民种地的热情，全面提高种地收入，通过产业升级实现农民就地转化，全面提升农产品附加值，提升农民收入，才能够从根本上解决问题，实现全民小康。

农业产业的发展，居然是实现中国梦的最佳途径，也难怪国家将农业产业置于如此高的位置。而传统的农业生产方式，明显是无法达到这一高度的，只有实现生产资料的集约化、农业产业化，将传统农业彻底升级，才能够最终实现带动三农全面发展。

十八届三中全会提出，允许农村土地入市，进一步加大农村土地流转力度，鼓励民间资本投资农业。农村土地可以通过合法的途径进入开发范围，这也符合国家提出的新型城镇化的理念。所谓新型城镇化，一是要有特色，不能千篇一律，要体现出当地的风土民情；二是集约土地，将若干个村落整合到一起，节约的土地一部分进行开发，一部分复耕，从而增加耕地存量；三是要有产业基础，即城镇化要与农业产业化有机结合到一起，实现老百姓就地转化、当地就业，从而赚取土地红利及工资，逐渐完成国家的发展战略。笔者认为，新型城镇化发展成功与否的关键，就在于农村土地整理及农业产业化进程。

让农民享受土地红利，享受农业产业化带来的股息及工资收益，是实现全民小康社会的重要策略。任何一个从事农业投资、经营及规划事业的人员，都应该认识到国家发展农业的本质目标，只有围绕这一目标去做投资、做经营、做规划，才是符合大势的行为。

只有企业化发展，中国农业才有出路

近年来，国家加大了对从事农业领域企业的补贴力度，笔者认为这是一个历史性的进步。数千年来，中国农业实行的均是“个体”农业，生产资料过于分散、生产信息无法统计；生产者没有话语权、定价权，大量的农业红利被中间方赚走；农业品质无法控制，农业品牌无法打造，农业无法形成竞争力等。以上这些问题导致我国在国际农业领域中几乎无竞争力可言，而一切的症结就在于我国未从传统的农耕文明中走出来。

第一个站出来的是农村合作社，它也成功地打造了一些品牌，突出的有“阳澄湖大闸蟹”、“西湖龙井”等。然而，这些专业合作社并没有从本质上将中国的农业提升到一个全新的高度，而由于自身的弊端合作社依旧无法实现真正意义上的产业化、品质化和品牌化，尚未形成良性发展的格局。

“三鹿事件”中一个偌大的企业瞬间轰然倒塌，血的教训让我们明白：企业的生存，是靠市场来说话的。只有企业，才会看重质量和品牌，因为它们离开了市场的支持，只有死路一条。同时，也只有企业才会将利润做大，而利润做大之后才有农业的繁荣。

企业整合农业，同时对接新型城镇化的国家发展政策，有了“新型城镇化”与“农业产业”的双轴驱动，企业在从事城镇化和农业的同时，就有了长线持有和短期回笼投资的双保险。

二斗说：

生活观念转变带来的农场商机

做中国“最大的买卖”

曾无数次陪客户、朋友、家人到餐厅里吃饭，有时在廉价的快餐厅，有时在奢华的会所，吃的都是五谷杂粮，但消费价格却有天壤之别。现代餐饮的定价主要取决于食材种类、餐厅装修、厨师水准、服务水平、餐饮口味等因素，基本上与食材本身的健康程度没有多大关系——也就是说，一席上万元的饭菜与一盒几十元的快餐，都没有重视食材是否健康，这是中国餐饮业发展的现状。我们吃饭，吃的是味道，还是健康？

这里蕴含着一个巨大的商机。我们每一个人都是食客，吃得都很糊涂：我们不知道蔬菜的产地，不知道蔬菜的农药残留；不知道所吃的肉是哪个企业生产加工的，是一年生还是多年生的；大家吃的都是菜名，而不是菜本身。如果有一天餐厅的菜单上不是极力地推荐某一道菜品，而是介绍自己的蔬菜生长在哪个农场，是由哪位种田人种出来的，我国的餐饮业就会重新洗牌，因为消费者的觉醒和对健康的无限追求才是餐饮界的真谛，也只有掌握健康食材供给的餐厅，才能够获得未来主流消费市场的青睐。

从厨师到装修，从装修到文化，餐饮业下一个体现附加值的元素是什么？笔者认为，餐饮业下一个也是最重要的一个体现附加值的元素，是健康的食材、透明化的食材。在餐饮业，有一些走在前面的企业，它们在郊区承包土地，自己种菜，但这种模式并不是最佳选择。原因有三个：一是增加了餐饮企业的经营成本；二是这些餐饮企业在种植、养殖环节并不专业；三是这些企业生产的食材并不能全面满足企业的现实需求。因此，这些企业虽然觉醒，但也非常无奈。市场的现状为现代农场的经营者提供了一个很好的市场空间，我们以城市中数量庞大的餐饮企业为目标市场，通过订制、直接委托生产等方式，为度假村、高档酒店、会所等社会餐饮企业生产健康食材，做一个市场空白的产品，做一个“天大”的买卖。

获得消费者的信任，是获得餐饮企业青睐的关键。我们可以制订健康标准，打造农场的阳光工程，接受市场监督，让自己的农场成为健康食材的生产基地。

为消费者和餐饮企业搭建一座信任的桥梁。做农场就是做良心，餐饮企业无法控制食材，而我们可以，正是因为我们有着打造健康食材生产基地的信念和实力，我们才能够成为餐饮企业的避风港。餐饮企业选择和我们合作，看中的也是我们对于品质和口碑的追求，餐饮企业因为采用了我们的健康食材，可以从原材料本身获得更高的利润，获得更多消费人群的青睐。消费者正是出于对农场的充分信任，才相信餐饮企业的健康标准。因此，农场在消费者和餐饮企业之间搭建了一座信任的桥梁，这对整个餐饮企业的良性发展起到至关重要的作用。

打造餐厅、农场、消费者三位一体的监管体系，是保障整

个利益链条良性发展的关键。我们建议，在每一个餐厅公共区域、包间的视频系统中，以物联网的技术实时播放农场中农作物生产、加工的情况；在阅读平台放置本餐厅订制农场的全面介绍、健康标准等内容，设置扫描二维码，以供消费者实时关注所用食材的全部有效信息；在菜单中显示每一道饭菜的食材来源，甚至可追溯到某一位种田人的个人信息。只有这样做下去，我们的餐饮企业才会有真正矗立不倒的核心竞争力。

借助餐饮企业打造农场直销平台。餐饮企业因农场的健康标准获利，农场也可通过餐厅的宣传获得意外惊喜。今天的餐饮消费者即是明天的农场产品直接消费者，食客通过餐饮行业了解农场，从而选择从农场直接购买食材，甚至直接购买 VIP 会员卡，成为农场的客户。此外，餐厅也可成为农场的代销中心，在餐厅的公共平台设置农场果蔬礼盒，食客可直接购买带走。

新时期的农场是一个资源整合者，只要能够控制住食品安全，获得消费者的认可，就能够在整个农业产业链条中起到至关重要的作用，甚至可以通过上述模式，做新时期中国“最大的买卖”。

牧山人——中国奢侈品农业的缔造者

有一个向笔者咨询过业务的客户，他承包了一万亩的荒山，种植了几十万株果树，扣除相关的费用后，每年的利润却只有几十万元。他向笔者讲述了自己“艰辛的创业历程”：承包荒山，种植果树，却没有做好计划，种植的果树品种与外面农户种植的没有太大区别；没有注册品牌，没有销售渠道，如果没有一些养殖项目和农家乐支撑，整个万亩基地就没有任何盈利可言；每年到果实成熟时，等村里收水果的二道贩子来收果，享受和村民一样的待遇，受到中间方的挤压，要么任凭水果烂掉，要么廉价出让给中间商。

听完这位朋友的经历，一番深入的思考之后，笔者为他构建了一种全新的运作方式。

放弃与农民一样的生产方式。老百姓自己种果树，自己打理，赚取的收益并不是果树自身产生的附加值，而是老百姓自己的劳动力产生的价值。然而作为企业，需要雇佣劳动力进行生产，当劳动力不再是“免费品”时，再按照常规的生产方式生产就没有了任何成本的优势。因此，笔者给他提出的第一个建议就是企业绝不能按照农民的思维做农业，否则必死无疑。

做金字塔顶端的产品。这位客户生产与当地果农一样的水果，并等待中间商前来收购。这种“原生态”的模式，将自己拥有的“规模效应”全部消耗殆尽。丧失了规模效应、定价权和话语权，其庞大的生产能力反而成为了最大的软肋。面对着漫山遍野的应季水果，他要么选择贱卖，要么就让水果成吨烂掉。笔者给他提出的第二个建议：放弃与当地果农一样的销售渠道，转而进攻整个市场金字塔的顶层。不再使用任何的化肥和农药，让这万亩的果园恣意生长，生产出真正具有山野气息和原生态营养价值的水果，虽然产量会降低，果品形态和美观度也会受到一定的影响，但是我们的水果是健康的、令人放心的，我们用提升单价的方式来提升整体收入；构建果林循环经济链条，人工养蜂授粉，生产蜂蜜；建设水果DIY工坊，在水果集中上市的旺季，为市民提供优惠的采摘条件，并全程协助、指导游客将消耗不掉的水果制成水果罐头，延长水果的保质期；打造林间养殖项目，引入并丰富一些养殖产业链条，构建部分有机果园；实现果园认养，将果园承包给特定的企业和家庭；丰富果树品种，利用加减法原则，严格控制单一果品的上市总量，打造三季有果的种植结构。通过改变生产方式，制订健康标准，提升消费人群品质和消费单价，结合附加产业链条，逐渐走出“与民竞争”的格局，开创一个全新的模式，盘活整个万亩园区。

学会用"牧山"的理念，打造品牌的价值。我们不是在种植果树，我们是在豢养整个万亩山林。将注意力从农产品本身转移到这青山、绿水，这养育自然的大环境中，用一种全新的理念和态度去对待我们的农场，对待我们的产品。品牌价值巨大的影响力，可以赋予产品2~3倍的附加值，待到整个项目品牌成型的那一日，整个经营状况将全面改观。

放弃大而全且与主流产业不相干的业务，以"精作"带动整个产业链条的全面发展。整个万亩园林产业未成气候、品牌及知名度尚未成型，农家乐、奇石、会议等功能过早地进入园区，极大地分散了经营团队的精力，多点共进，但没有一个点做得够精、够深。整个园区如果想走出困境，需要将全面开花的经营思路转为"点式突破"，将某一个板块做精、做强，待时机成熟再导入其它功能，势必可将这个没有任何生气的园区打造成一个高端大气上档次的品质农场。

牧山人，是一个品牌，是一种理念，更是一种情结。一个投资方将园区做成具有灵魂的项目，那股力量是巨大的，有气势的，不可复制的，因此我们缺乏的并不是资本，也不是经验，而是那种足以改变思维的能力和敢为人先的勇气。

自然农业——向大自然索取的一块市场空白宝地

有没有一种农业不用我们亲自种植，但是却能形成产业、规模和品牌呢？在数位同仁的协助下，我们对这样的一个话题进行深化，从而总结出来一个全新的概念——“自然农业”。

随着对自然农业概念的不断精炼，我们对自然农业进行了明确的细分：一个是按照真正的自然状态进行生产的农业，其标准远远高于有机农业，我们甚至不应该亲自动手拿下农作物上的一个小虫子，而是留给自然环境中能够天然形成的生物链条，在这种完全模仿大自然环境中生产出来的农业产品，是“自然农业”的第一个层面；第二个层面是真正的“天生天养”，我们只是去山、林中将这种纯粹野生（准野生）环境中生长的草药、茶叶、果实等采摘出来，按照一定的标准包装、生产、粗加工，再按照一个统一的品牌推向市场。

第一次有这样的想法，是在湖南安化地区的项目交流过程中产生的。在湖南娄底有一个国家地质公园，在这个景区内，生长着大量的野生“黄茶”，有一位同仁承包了地质公园中大面积可利用的山地，利用野生资源、人为引种野生黄茶，让这些黄茶可以在纯自然的环境中生长，再雇佣当地的农民在黄茶的采摘季节进行统一的采摘，通过统一的品牌和包装，将野生黄茶推向市场，这位同仁的做法大大地影响了笔者：在我国960万平方公里的陆地国土面积上，拥有大量不可耕种的山、林资源，大量的野生动植物资源。这是一座座天然的宝库，只是我们缺乏一批具有整合力、销售渠道、投资实力的企业去“做大”这里的文章。

做好“自然农业”，我们需要做好以下几个文章。一是发现价值，找到市场认可并且在纯自然环境下生产的具有最大附加值的产品；二是寻找适于生产的土壤，可以选择深山老林，但是缺乏良好的交通设施，是非常大的一个问题，因此建议选择具有良好配套的自然保护区（非核心区）、风景名胜区、景区以及具有较好交通设施的郊区山林地作为首选区域，不但可以降低生产成本，还可以与景区形成品牌互动，这既为景区打造了旅游商品，还可以通过“带走”的模式完成景区的品牌推广；三是制订“自然农业”的标准，从种植、采摘、加工、提炼等各个环节实现标准化，完成无害化、可追溯的工作，使得自然农业成为真正可以走进市场的产品；四是做大“天生天养”的产业链条，可以通过饲养蜜蜂的手段，在完成为生长在“自然环境”中的作物授粉的同时，获取自然农业的附带产品——野生蜂蜜；五是注册品牌，多做基地，采用品牌化的运作和经营模式，使自然农业走出小而单的作坊式生产模式，逐渐形成产业化。

“自然农业”拥有相似操作模式的还有另一个极具操作价值

的内容。在我们走访过的一些偏远山区、农村等地区，很多人家都有自己独特的秘方，他们利用最原生态的材料、最传统的生产方式，生产着最“土”但又最安全的农产品。如山西乡村作坊生产的食用醋，每天在高山上养殖的土山羊、土鸡，他们的生产和养殖成本很高，却因为生产数量少、缺乏有效的销售渠道等原因，无法体现自己生产出来的“土产品”的真正价值，有些产品甚至只作为“内销”存在。如果我们打造这样一个企业：与当地村民合作，由我们打通销售环节，包装产品品牌，以订单的形式交予村民按照原始的生产、加工方式进行生产，由企业将其打造成真正的“自然农业”，打造成真正的“奢侈品”。

有了资金的注入、品牌的包装、“一对多”的生产供应链条、更高层次的市场追求，这种“自然产业”就被赋予了全新的生命活力，甚至可以带动当地老百姓摆脱穷困，以偏远地区最擅长的模式实现偏远山区的全面小康建设。

这是一个很大的空白市场，但却很少有人问津。笔者相信，在不久的将来，随着消费者对健康农业标准的不断提高，这种以“天生天养”为主打形象的“自然农业”，一定会成为品质消费市场竭力追求的市场新宠。

爸爸去哪儿——“农场比如世界”成为全民话题

2013 年，湖南卫视的一档节目——《爸爸去哪儿》火得一塌糊涂，究其根源，并不在于节目有多精彩，而是这种节目的形式、内容已经成为了人们想做但没有做的事情。这既是一种稀缺产品、一种营销事件，更是一种社会事件。这档节目带给社会的思考远大于其本身娱乐大众的功能。

《爸爸去哪儿》真正精彩在哪里？除了芒果台炒作、明星效应、植入广告外，节目中给予孩子更多的身份转换，才是其真正的精华。这里存在一个很重要的社会问题：孩子到底需要一个什么样的教育环境？不知从何时开始，孩子的教育主体由父母转变为祖父母（外祖父母），教育方式也从一种严厉的管教变成了一种无边的溺爱，很多的家长平日里没有太多的时间管教和陪护孩子，当他们醒悟时，才发现自己的孩子在自己父母的溺爱下，已经很难进行系统的教育。沉重的生活压力和快节奏的生活步伐催生了更多的双薪家庭，这些家庭的家长很难亲身于孩子的教育过程中，而隔代教育使得孩子的父母在教育过程中缺乏话语权。另外，都市里的家庭大多数都是独生子女环境，孩子在成长的过程中缺乏与同龄人交流的空间，越来越多的孩子的自我意识明显强于团队意识，更有甚者在几岁的时候就沉迷于网络，狭隘的生活空间造成了孩子局限的思维，也为孩子的明天埋下了一个不确定性因素。无论是家庭、幼儿园还是公园、动物园，孩子们很少有独立锻炼的机会，很多父母一边跟孩子说"我在你这么大的时候，都可以了……"，一边张开自己的臂膀，将孩子彻头彻尾地保护起来，没有提供给孩子独立承担的机会和空间。父母们更多地关心孩子们的成绩以及"综合素质"的提升，大量的辅导班、兴趣班吞噬了孩子的时间，我们扪心自问，这是孩子理应成长的轨迹吗？

《爸爸去哪儿》为所有的家长们上了一课。这是一个全新的内容吗？电视里的情节，每一幕都曾经发生在我们的孩童时代，而我们自己的孩子却为何是另外一番景象？看着节目中孩子们从全面抵触“吃苦”到最后“以苦为乐”的变化，我们做何感想？这5个生活在优质家庭环境中的孩子，却能在很多人都不忍入住的环境中生活得有滋有味，期间的变化让我们感动。也许，适度地让孩子走向自然，适度地让孩子亲近田园，适度地为孩子提供一个吃苦的空间，适度地为孩子与孩子之间构建同龄人交流的平台，才是我们需要认真对待的问题，才是我们在孩子教育领域必须重视的话题。

作为中国旅游策划人，笔者在很久以前，在农场领域里打造了一个类似于“爸爸去哪儿”的环境，笔者称之为“农场比如世界”，区别于城市里的“比如世界”，这里更加适合孩子，更加适合亲子教育，更加适合培养孩子的全面发展。

我们要给孩子一个改变生活方式的空间。在“农场比如世界”中，孩子是真正的社会主人，他们能够在农场中获取一个又一个的任务，无论是孩子与孩子之间，还是孩子与家长之间，都会按照一个全新的社会定位彰显一种存在，大家在一种全新的“社会制度”中，享受一种全新的体验，目的是锻炼孩子的自主能力，培养孩子的社会意识，提升孩子的自信心和团

队协作能力，让孩子全面“暴露”在模拟社会环境中，磨炼孩子的精神和意志，为孩子提供最易接受的体验式教育模式。

我们要给孩子们一个健康、安全的舞台。我们为何不敢放手？当我们面临着车流如织的街道、关系复杂的社会环境、备受争议的大气环境时，我们该如何放手？在“农场比如世界”中，有蓝天白云、碧水绿树、田园花海，大自然的环境为孩子们提供了健康的土壤和空气；严格限制机动车进入，最大限度地规避了潜在风险，为孩子设置了一道又一道的安全防火墙，孩子游戏其中，家长可以完全放心——为孩子打造了只有孩子才能上路的自行车道、独轮车道和广场；为孩子打造了只有同龄孩子才能够进入的专属活动空间，健康和安全是“农场比如世界”的首要标准。

我们要给孩子一个认知自然的科普教育平台。“四体不勤，五谷不分”是旧社会形容书生的一句话，而在目前教育体制下的很多孩子，基本上都是这种状态。走进农场，走向自然，无论是大自然赋予的，还是人为种植和养殖的，我们要将“农场比如世界”打造成孩子认知世界的科普讲堂，这里有数百种植物、农作物；这里有上千种花卉、中草药；这里有小到蜜蜂、蝴蝶，大到耕牛、骏马的动物王国。整个农场处处都是认知社会的窗口，每一处都是孩子求知的热土。我们为孩子设置认知、理解、解读的科普导视系统，为孩子构筑处处可游、处处可学的科普游览体系。

我们要给孩子一个美化心灵、培养价值观的环境。“农场比如世界”提供了“同名认养”、“共同成长”等多项成长计划，我们可以为孩子种植一棵同名树，引导孩子学会关爱生灵，让孩子与树苗共同成长；我们可以为孩子认养小动物，让孩子与动物一起交流、玩耍，给“孤独”的孩子找一个小伙伴，让孩子学会分享、学会关爱。我们开办“春草私塾”及“孝心书院”等自然教育平台，让孩子在玩耍之余，体验中国最为传统的农耕文明、孝心故事、国学教育等，培养和美化孩子的心灵，并通过国学的文化影响力提升孩子的气质。

我们要在孩子和父母之间搭建一座沟通的桥。这里没有成绩单，没有棍棒底下出孝子，没有电子游戏，这里只有孩子和父母，背后是一片田园。在这样的环境里，孩子会非常兴奋，家长会放得很开，孩子与父母之间只留下纯粹的参与、交流与体验，孩子与父母之间会逐渐增进感情，孩子也会更加乐于吃苦，更加乐观地生活。大人会从孩子的角度看世界，孩子学会接受“大人般”的社会身份，共同完成某一环境下的特定任务。

我们在第三代农场，在“农场比如世界”，开展着“爸爸去哪儿”的故事，这里没有多重的环境变化，却有更为丰富的选择空间；我们不是为拍摄节目而造，却是为了改变现实而生。

房地产商投资农业趋之若鹜

近些年，很多房地产商进入了农业投资领域，并有愈演愈烈之势。一个是城市的经营者，一个是纯农村领域，当房地产商与农场产生交集时，很多人对此产生了诧异——是房地产商的转型步伐，还是新一轮圈地运动的伊始？如果是源于企业转型的需求，为何房地产商如此热衷于农业？笔者认为，两个看似毫不相干的事物，却隐含着千丝万缕的联系。

房地产与农业，二者其实在本质上是极为相似的，都是向土地要红利。一个是经营城市土地，在建设用地上盖房子卖给消费者，通过对土地的炒作提升房产的价格；一个是经营乡村土地，在耕地上种植农林产品卖给消费者，通过品牌包装和全新的生产模式提升农产品的附加值。对于地产开发商而言，从投资房地产到投资农业产业，甚至都不能算做转型，或者说这仅仅是一种最熟悉、最容易转型的方向。

房地产商投资农业，是因为看到了房地产市场的低迷和农业市场的希望。从国家限制的行业转向国家大力扶持的行业，从一个接近饱和的产业迈向另一个朝阳产业，在未来农业发展的前景面前，尽管农业投资是一个回报率低的投资板块，但在众多的投资领域之中，农业产业、农业土地的投资前景是被众人看好的。

房地产商投资农业，本质上是因为掌握了大量的资本。十几年的房地产市场的高速增长，为房地产商积累了大量的财富，随着在城市拿地成本越发高昂且市场逐渐走低的趋势，大量中游地产商选择将财富投入到更容易掌握且长期看好的农业产业之中。另一方面，房地产商投资农业，也有一定的投机目的。随着越来越多的城市陷入了雾霾、拥堵等城市病中无法自拔，越来越多的消费者开始关注生活品质并选择“逃离都市”，我国居民对未来居住环境的需求逐渐走进房地产商的视野。全新的居住理念、全新的生活方式是投资方已在思考的问题，而通过农业产业的开发，顺带依托农业打造的“第二、第三居所”的概念，也许是未来可以改变人们生活方式的一种全新的地产模式。此外，农业土地未来的升值空间、操作空间都很大，投资方选择在农业土地价位较低的时间入市，通过生产和长期持有获取土地红利，也是一个主要的驱动力。

房地产商投资农业，还有很长的路要走。尽管我们都一致看好农业，但对农业土地投资价值的理解偏差、房地产思维的束缚、专业技术的局限、农业市场开拓困难等诸多难题都是摆在房地产商面前的一座座大山。只有按照农业的思维模式去运营，通过把握国家政策、把握农业消费需求、全面了解农业价值、建立或引进专业的管理团队，才能从真正意义上将二者的优势有机融合，规避诸多潜在的投资风险。

三斗立：

中国农业走入3时代

由古至今，需求决定发展。传统农业，由面朝黄土背朝天的农业生产者将生产的粮食、蔬菜、水果直接运到集市上进行交易；后来，随着社会的发展产生了中间商，中间商到农村采购，借力交通格局的全面发展，将农产品从一个区域运输到另一个区域；再后来，生产者集合形成了产业联合会、产业园区，销售者发展形成商超、大型批发市场、连锁专卖，中间商促成了大型物流，而这里面起到决定作用的是市场的需求变化。

除农业产业链条外，随着消费者的需求变化，农业观光园、农家乐、农博会、农业主题公园、家庭农场、私人定制农业等业态逐渐成型，并成为农业产业的一股新生力量，将第一产业直接升级到第三产业。

透过笔者的研究成果可以看到，从第一个科技农业观光园、农家乐出现开始，共经历了三个时代：一是以展示农业技术，体验最初级、最原生态的农家生活为主要标志的第一代农场；二是以农业观光、休闲为核心，以酒店、休闲、会议、度假相

图 3–1　三代农场定位划分

融合的第二代农场，目前这两种农场构成了整个三产农业的主流产品；第三代农场正处在萌发阶段，其主要标志是以健康定制化的农业产业、公园化的博览观光、“生活方式”的休闲度假为重要标志，使农场成为具有农业情结的城市居民第三重生活空间，符合以家庭休闲、家庭度假、追求生态的新时期需求。

因此，我们整合了新时期第三代农场的若干标志，并通过系统的打造，为全行业规范第三代农场的标准。

健康是农业生产亘古不变的主题

无论是前面提出的科技农业、农业产业，还是目前提出的美丽农业的概念，在笔者看来，其本质就是健康，农业不健康就算不上真正的农业。因此，七年来，笔者和东方创美团队一直坚持以“健康”作为审视农业园区定位的首个标准。

事实上，我国的农业标准是低于国际标准的，这里有多重考虑：我们国家的生产资料相对分散，很难达到统一，很难把控农产品到达每户之后的情况，如果制订的基础标准过高，可能很多农民种植的粮食和蔬菜的品质都很难达到要求；此外，我国人口众多，要在 18 亿亩耕地上养活近 14 亿人口，不使用化肥和农药显然不太现实，这也是国家标准偏低的一个主要原因。那么在这两个前提条件仍然客观存在，甚至土地面积依然会缩小的情况下，我们如何做到真正的健康农业呢？

笔者认为，要做到健康农业，需要通过广义的概念来解读：

首先，健康农业并不是有机农业，我们很难大范围地鼓励和推广有机种植模式，因为我们要保障国内粮食自给率，就需要提升每亩单产，这与有机的种植模式是相矛盾的；其次，健康农业的标准需要提升，但是落实的主体需要转变，我们很难将标准落实到每一个人，却可以落实到个体的农业企业，因此农业的产业化、农业投资主体的企业化是一个关键要素，企业清楚地知道什么是核心竞争力，只有全面提升自己的健康标准，才能获得市场的认可，才不会在未来的竞争中败北，这也是中央进一步推进和鼓励企业投资农业产业的重要原因之一；第三，健康农业除了标准本身外，还有一个关键的要素就是消费者的知情权和监督权，在以往，消费者很难直截了当地了解他每天吃的粮食、蔬菜和肉食品产自哪个农场、种田人是谁，农产品各种残留的具体指标是多少，健康的标准是怎样，与国际标准之间的关系和关联如何，因此落实健康农业标准，需要做好软文化。

在我们打造的第三代农场中，我们创造性地提出了以“种养殖日志”为依托的种植、养殖文化。在种植过程中，我们以日志的形式记录每一个标号土地每年的日照时间、降水量、灌溉水量、肥料使用情况、生虫记录、农药使用种类及次数、除

草次数等内容，将这块土地上的种田人每天的劳作情况以日志形式详细地记载，并上传到数据库中；在养殖过程中，我们记录一批鸡的养殖模式（散养、圈养）、每天的喂食情况、特殊添加（草药、虫类等）、生物用药、养殖周期，甚至详细记录听音乐的内容和时间，将每天的养殖过程全面有效地记录在养殖日志中，并上传数据库。在产品走出农场时，我们将给每一块拥有标记土地上种植、养殖出来的农副产品，赋予一本日志化的说明书以及产品质检报告，用一种全面开放的态度向市场展示健康农业的生产过程，为消费市场获取知情权提供绝对权威的第一手资料，让消费者能够放心食用我们生产的农产品。

在第三代农场中，我们提出了全面、系统的市场监督模式。首先，全面开放我们的农场，以旅游吸引游客但并不以赚取旅游收入为核心目的，而是要让游客走进农场、亲近农场，更重要的是监督农场，从而形成良性的口碑宣传。在不影响生产的情况下尽可能多地开放农场产业链的各个环节，让消费者能够近距离地参观我们的种植模式、体验生产过程、查询健康数据库，真正打造经得住消费者考验的农场。其次，我们采用物联网技术设置全面的监控体系，让我们的会员足不出户就可以通过物联网、互联网实时观看监督农场的生产状况，我们的每一位会员都会有自己的登录账户，保证自己订制的生产区域能够按照真正的健康农场标准进行种植和生产。

我们按照企业的思维方式，打造企业独特的、全面超越国家标准体系的健康农业标准，并严格落实。与国家标准不同，我们更在乎的是企业未来的发展空间和核心竞争力的构建，只有市场认可产品，才有企业鹤立鸡群的机会。

质量决定发展，口碑决定命运。一个三聚氰胺使得国内整个乳制品行业陷入了低迷，市场对国内企业不信任，狂热地追求国外乳制品，甚至组织自己养奶牛，这些鲜活的案例再一次验证了健康农业的重要性。

在农业企业面前摆着一份考卷，而健康问题是企业能够及格的唯一标准。

农业技术及物联网的科技时代

科技，决定我国农业产业的未来。

从我国科技农业的发展现状来看，总体上呈现了科技示范尚可、普及力度不足的发展局面。我们每到一个地方，都能够看到科技农业示范项目，也可以称之为设施农业示范项目，而这些农业项目更多的是对接国家政策、对接当地政府、对接一些农业补贴的一种政治任务，因此这些项目呈现了明显的点状分布，却未能对当地的农业格局产生更为深远的影响。从世界农业科技的普及率来说，我国的农业科技普及比例是相对较低的，导致这种情况出现的直接原因是：前十年，国内的发展主旋律是以城市建设、城市化为主的，几乎所有的政府都以全面提升 GDP 为目标，仅有部分地区（中国东北、山东寿光、甘肃等部分偏远地区）将农业作为全面扶持的产业进行推进；另外，我国农业自身存在一定的问题，如生产资料分布零散，粮食果蔬的价格略低，并且农民在生产过程中获利最少，彼此间缺乏统一的发展思路，缺乏竞争力意识和定价权，这些都会挫伤农民生产的积极性，导致大量农田荒置。实际上，农民从事农业生产，从土地中获取的并不是农产品的价值，而是自身的劳动力价值，因此没有任何附加值的农业产业注定不会走向繁荣。

农业科学技术是需要一定投资的。从目前来看，中国的农业技术是不可能直接走进农村的，主要原因有：农业生产附加值不高，大量农村劳动力向城市转移，尤其是具有一定教育背景的年轻人，几乎都没有将农业作为自己未来发展的职业规划；而坚守在农村的劳动力，由于缺乏现代化、系统化的知识培训，很难成为科技农业的载体。

在笔者近十年的科技农业的调研过程中，大多数科技农业示范园区都是依靠政府补贴在维持，部分转型成功的企业也是通过发展农业观光、休闲度假及配套基础设施来发展，真正走向高利润化的科技农业示范园区真正的是凤毛麟角，而这种状态在没有新的、大的思路转变之前，还是会维持一段时间。从国家近几年的中央一号文件中可以看出，国家对于农业的顶层设计在悄然发生着变化。从鼓励农村转变到鼓励企业投资，从家庭农场到庄园经济等新型经济业态的出现，从“提升每亩单产”、“健康农业”等概念的提出，我们可以看到国家对于农业产业全新的战略思维调整——也许这将会成为我国科技农业发展的春天。

提升每亩单产，需要科技农业唱主角。我们需要利用科技农业全面提升每一亩土地的产量，以缓解土地红线逐渐吃紧带来的粮食保障压力；通过降低花费、减少农药使用量，采取生物防治、全新育种等措施，发挥科技农业的关键作用，保障农业产业健康推进。

我们将农业技术分为了两个层次，一个是以解放农业生产力为引导的层次，主要在增产、反季、育种、科研、示范、推广、采购、物流等领域保障农业产业链条完整；另一个是以跨界科学为引领的层次，如物联网及互联网技术、网上交易平台、现代物流体系、监控体系等，可以将现代优质技术和先进理念有机地嫁接到农业产业中，使之形成良好的互融发展格局。在这一点上，广大的从事农业产业投资、经营的管理者，还有很长的路要走。

农场生态小循环

从传统的“桑基鱼田”到现代的循环农业体系，都要求达到内部种养循环。而实现零排放及部分有机农业是第三代农场的重要标志。

我们从市场需求的角度出发，人食五谷杂粮、青菜果蔬，当然也少不了禽蛋肉鱼的组合，这是由市场的刚性需求决定的。因此，现代农场（综合型）应该以满足目标群体的现实需求来打造

农场的产品体系，这是由两个重要的因素决定的：一是构建销售渠道，如何提升销售渠道的利用率是至关重要的；二是农场品牌的价值最大化，我们花费大量的金钱和心血打造农场品牌，为的是要实现农业产业附加值，因此在品牌正式推向市场的同时，需要充分发挥品牌的效应，向市场尽可能多地输出带有品牌效应的产品。因此，任何一个以自然人为目标消费群体的综合农场，都应以建立全面的种养结合模式及循环有机链条为根本出发点。

农场的循环并不是全面的，这里是由种植与养殖模式及种植与养殖密度所决定的。笔者认为，从现在开始进入农业产业的企业，不应该构建“与民竞争”的产品体系，因为我们在与民竞争的过程中并不占据优势。我们一定要通过构建品牌并打造一般农民做不出的产品来制胜，因此走传统的种植及养殖模式是不可行的。传统的种植和养殖模式对农场的伤害是很大的，比如集中化的养猪场会对地下水源、农田造成污染，并不适合未来的发展方向，因此，我们更倾向于企业投资的，针对中、高级市场，为具有现实需求的客户提供更为高档、拥有自主定价权、具有高附加值的种养内容，如稀缺品种养殖、特殊养殖模式下的养殖产品等。因此，我们不可能也不要追求整个农场的大循环体系，而是在量力而行的条件下，实现农场的小循环，一般来说，将循环农业的比例控制在3~5成就可以了。

循环农业，重要的是提前做好测算，在东方创美的研究体系中，一头牛产生的有机肥，可以供应5亩蓝莓。在这样精细的测算下，我们可以合理地预测养殖与有机种植的规模，也可以在整个农场打造的初期，构建出养殖及有机农业所占的比例。

循环农业，是打造有机农业的重要抓手。在我国农业的标准体系中，对有机农业的界定是比较低端的，而笔者目前了解的真正的有机循环是这样描述的：我们有两个概念，一个是有机植物，一个是有机植物动物，二者的循环才是真正的有机循环。首先，有机植物动物是要用有机的原材料喂养出来的，那么有机植物动物生产的生物肥才能够叫做有机生物肥，而采用有机生物肥生产的农作物才能够称为真正的有机植物。只有有机植物——有机动物植物——有机生物肥——有机植物这样的循环，才能够打造凌驾于国内有机标准之上且真正具有高品质及附加值的产品。

我们构建的第三代农场，采用有机循环的模式，实现零排放，是名副其实的低碳农场。

精细农业做文化

从古老的农耕文明到现代农业品牌的百花齐放，重拾农业文化成为未来农场、农业企业必须要做的重要决定。

任何一个产业发展到一定阶段，都需要深入挖掘其所代表的文化脉络，没有文化的产品是没有任何竞争力可言的。我们可以追溯的农耕文明有上万年的历史，而这丰富的历史文化在与新时期农场的对接过程中，却显得十分乏力。笔者通过认真研究，认为具体原因有三：一是传统的农耕文明虽然博大精深，却与现代的生产方式格格不入，大家在将文化导入现代园区的过程中，形成了很明显的文化断档，一部分是古色古香的传统农耕文化展示，另一部分采用的却是现代农业技术的生产方式，这让人产生了很明显的文化断代，最终没有能够达到有机的融合；二是我们在引入文化的时候，并没有深入挖掘文化的软实力，而是以最直接、最具象的形式将文化植入到我们的农场之中，结果文化并没有形成产品的附加值，而这种无法产生现实价值的文化导入方式，自然而然成为了一种鸡肋；三是文化导入的同质化严重，大家都不去深入挖掘文化，而是粗糙地复制，结果造成消费者审美疲劳，最终也无法实现我们引入文化的初衷——打造具有个性、无法复制的农场。

笔者认为，我们没有必要去向历史要文化，真正的现代农业文明就掌握在自己手中。新时期的种植文化就体现在精细农业发展的层次上。我们在前面讲过，种植日志就是最好的种植文化，因为通过精细化的划分、日志化的种植模式、说明书式的产品介绍、以种田人自居的那种身份定位，显然都已经成为一种无法抹去的记忆，一种在最短时期就能够形成消费共识的文化脉络，因此新时期的种植文化要与现代农场的生产方式有效衔接。我们将农场的地块有效地分成从1~100份不等，每一个地块都由不同的种植和养殖模式来构成，每一个地块都能够生产区别于其他地块的不同产品，不同地块会根据消费的金字塔结构制订不同的生产模式，如此的产业精细化将会构成新一代农场文化的根本要素。

另外，我们没有必要去模仿他人，新一代农场文化要积极有效地融入当地的传统文化。我们曾经在湖北孝感做过一个农场，当地有非常浓厚的孝文化，我们不是将孝文化生硬地植入到农场之中，而是将这种孝文化与农场有机地融合，最终我们将其命名为“春晖农场”，在农场中打造“亲子平台”、“父亲农场”等品牌，导入了养老产业，将农场的山、水、林资源与当地的文化有机融合，以原创的模式构建了新一代农场的核心竞争力。

在近十年的调研过程中，那些处于盈利状态的农场大多数都在摸索和实现着精细化的种养模式，有一只鸡卖到上千元的，也有一斤草莓卖到200多元的，而精细化的种养模式、依托精细化打造的种植及养殖文化是支撑其产品高附加值的最有效策略。

市场订制指挥生产

曾经数十个准备从事农业投资的甲方问笔者，我们到底要做什么产业才能够降低风险？笔者见过太多投资方在花重金邀请“中”字机构或相关农业类大学做完规划后，再全盘推翻重做的；还有甲方在投资成百上千万的资金种植核桃或栗子树后，拔掉重新种植的案例。为此，笔者专门对农业产业进行了系统的分析和研究：在我国的农业市场，缺乏一个公开化的供需平台，跟风现象严重，当某一种果蔬在某一年大卖的时候，大家一拥而上开始进入，待自己的产品投入市场后，他们才发现市场的供需平衡早已因为大多数人的盲目跟风而改变，甚至造成了血本无归的结局。对于一个企业来说，想要凭借一己之力彻底改变这种格局可谓是天方夜谭，因为这需要从整个行业来构建健全的信息平台。企业要想真正地走一条低风险的道路，订制农业也许是最好的出路。

笔者认为，没有一个人能够拍胸脯说，你种植这种作物一

定会赚得锅满盆满，除非他自己就是全盘的消费者（或经销商），也不要相信任何的专家（当然包括笔者在内），因为没有一个专家能够用自己的理论和理念来控制市场的需求，尤其是在这个市场极为不透明、供需关系不明朗的现实条件下。因此，通过长期的调研分析后，我们提出了现代农场走“订制农业”的发展思路。

订制农业是依托市场的订单需求，按照需求进行专项生产的一种模式，是一种可以解决传统供需关系的低风险农场经营模式。

农场的种植模式是支持“先加后减”的。为了避免土地闲置，可以在没有做好真正的产业定位前，按照最起码的要求在土地上种植农作物或者花卉苗木，有机地块通过醒地的方式选择性安置，而在农场规划出炉后，为农场打造一个全面的发展愿景，向整个目标市场推出全新的订制模式，根据订单组织生产。

我们的目标群体可以分成两个大的组成部分：一个是以企业、医院、学校、酒店、度假村以及其他餐饮企业为主的大客户群体；另一个是以会员式经营的散客城市居民群体。我们根据市场订制的数量对农场的资源进行二次调配，减少一些常规种植，增加订制板块，逐渐经微利农业转化成高利的订制农业，这就是笔者所说的“三代农场的加减法则”。

订制模式是投资现代农场、依托产业盈利最快的一种模式，因为我们可以将土地成本、种植成本的一部分平摊给订制方。按照订单模式生产，生产之初就可以获取近50%的合同款项，对于农场的经营方来说，是最佳的选择方式；订制模式还将减少流通环节、增加利润率，降低投资风险，经营方可在农场的品牌打造过程中，拥有选择更优质客户的权利，并且可以将有效的资金放在营销推广及品牌建设上，以确保农场的良性发展局面。

订制农场对于订制方来说，也是十分有利的一个选择，他们选择了一个生产源头，一个有良心、有标准、有自制力的企业为合作伙伴，不仅降低了中间的流通成本，甚至可以将订制农场作为自己的金字招牌。在很多层面上，农场的订制模式是一个对生产者与消费者均有巨大利好的选择，农场订制率的发展水平决定了一个未来农场发展的高度。

全面监控创造“阳光工程”

我们选择“阳光工程”这样一个词语来全面描述三代农场的全面监控体系。阳光工程是体现种田人、投资人以及经营者良心的工程，也是从根本上实现食品安全的有效模式。

全面开放农场。在第三代农场中，我们要求在不影响生产、不影响环境和质量的前提下，全面开放农场，不是为了收取门票，而是为了让消费者全面地监督、监控农场，并借此实现农场的口碑相传。

利用物联网打造无死角的种植、生产空间。我们将种植、生产的环节通过物联网技术实现全面无死角的监控，我们的消费者、会员、大企业订制客户，均可足不出户地监管农场的每一个环节和角落，真正做到让消费者彻底放心。

构建庞大的数据库体系。我们将每一个种植、养殖、生产、加工环节详细记录，形成数据库，每一位客户都可以从一个产品的电子卡上查询到种田人信息、种植与养殖日志、残留数据、营养价值分析等多重指标，每一个指标都为实现食品安全保驾护航。

农场食品安全保障基金。我们无法保障万无一失，所以要为农场构建召回制度及安全保障基金，用于为质量负责，采用基金的形式补偿、补贴任何一项不符合宣传或者企业标准的食品，召回、补偿都是我们做健康产业的保障体系。

农场的阳光工程，是一个行业正能量的具体释放和体现，一旦全面形成体系，势必会构成投资方在农业产业领域的核心竞争力。

四斗联：

3 时代农场已成为全新的功能承载体

农业与旅游是对双胞胎

在很久以前，农业还只是农业，旅游还只是王公贵族、寄情山水的诗人专享的权利。在现代文明背后，大量农民走向了城市，离开了那“面朝黄土背朝天”的生存环境，但是心里那一抹农业情结却没有随着身躯走进城市而逝去。在现代科技的支撑下，农业还是那个农业，却在科学技术的注入下变得更加多彩——数百千克重的南瓜、近5米长的丝瓜、无土栽培、茄子上树、空中种植红薯，对于采用新型种植模式和种植技术的现代农业，即使是每天与黄土打交道的地道农民也会啧啧称奇。在农业情结、城镇化、乡村度假、农业猎奇等多重思想的左右下，旅游开始走向了农业。

农业与旅游其实是一对双胞胎。从农业的产业链条来看，任何一个农业的生产过程，都可以与旅游的体验环节有机结合。

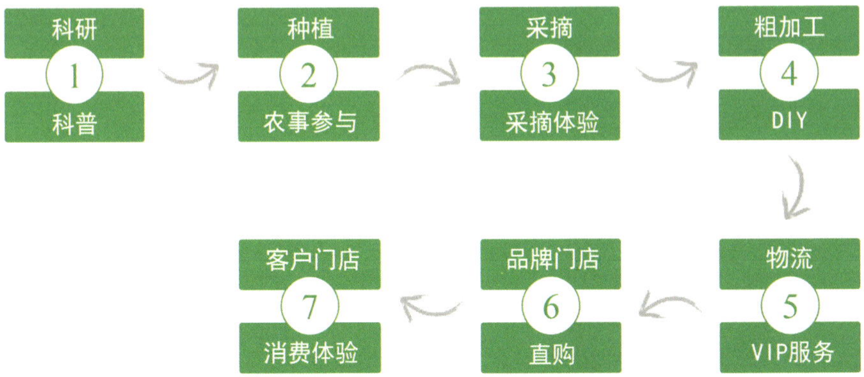

图 4-1　农业产业与旅游体验结合

农业是旅游的基础。没有农业构建核心吸引力、打造猎奇、休闲的环境，人们不会走进旅游；而旅游是农业的附加值，它不但改变了传统农业的盈利模式，提升了农业园区的总体收入，还从侧面大大提升了农业自身的品牌和附加值，最后全面提升了农业本身的产业价值。

农业让旅游的选择空间更多，旅游让农业的文化色彩更浓。农业旅游发展至今，已经经过了两个主要的发展阶段。第一个阶段基本上没有正式规划，主要代表有北戴河集发农业观光园、四川成都的五朵金花：一个是以蔬菜产业为基础，通过设施农业、南国北种构建核心竞争力，从而发展以门票经济为主的经营模式；一个是以农家乐、农耕休闲为主题的品牌农村项目，曾经是国内标杆式的农家乐品牌。第一代农业旅游都是比较传统的旅游体验方式，功能单一，缺乏有效组合，但作为产业升级来说，已经跨出了一大步。第二个阶段是以“北京蟹岛”为代表的农业旅游项目——除了农业本身外，融入了温泉和大型餐饮、会议、娱乐等多重功能，是一种由旅游产业发展

和市场需求双向决定的升级产品，是目前市场上的主流模式，但其旅游内容仅限于一种简单的加减法，并没有从本质上对农业产业及旅游本身起到革命性的作用。

笔者认为，农业与旅游的高度融合是未来的发展之路，这取决于我们对农业更为深刻的认知。我们需要深入挖掘农业的文化、艺术属性，打造具有农业主题文化色彩的农业园区，使农业园区本身更具旅游核心吸引力。我们需要旅游更加农业化，传统的农事体验模式已经严重落后，全新的农业体验和休闲模式、农业主题公园、农场艺术中心、农场比如世界、农场大地艺术、农业主题标示及配套设施等都将成为未来农场旅游化的新一代标志。

农业与旅游是一对双胞胎，它们更依赖于人力的改造，不受山、水环境的制约，通过人为就可以将一种全新的体验、全新的生活方式引入到消费市场，因此农业是与旅游结合最为紧密的产业。

家庭农场——最大的亲子教育平台

2013年中央一号文件出现了一个全新的词语——家庭农场，一时间行业内集中出现了多种版本的解读方案，家庭农场热形成，跟风者众多。在一号文件出炉的三年前，笔者就已经将家庭农场的模式引入到农业规划业务中。每次国家提出全新的农业发展思路之前，都会经历调研和示范，并在前期示范和实践的基础上，结合当代发展诉求，提出新的发展思路。而家庭农场，是农业发展过程中的一种必然走向。

我们讲家庭农场，其实可以分成多个层次：第一个层次可以放大成为一种庄园经济，有实力的“家庭”可以做一个庄园模式的家庭农场，它的规模可以根据产业模式及投资实力确定，即可作为一个企业的农场，也可做成多个企业共同持有；第二个层次是由城市的多个家庭为组织单位，承包农村土地，雇佣或委托农民进行生产，从而获取该土地上的农产品和相关产品的销售收益；第三个层次是以一个自然家庭为单位，到农场订制几分、几亩土地，在闲暇时间里以家庭劳作的形式从事躬耕活动，结合管理方的管理，享受土地带来的农产品。无论是广义还是狭义的家庭农场，都有一个明显的属性，那就是投资和收益的主体都是“家庭”，这就是一种全新的变化。笔者认为，家庭农场的意义远不止是一种生产模式的转变，这里有更多的解读方式。

对于家庭农场的投资方来说，正确处理个性化需求是投资成功与否的关键。规划很美好，实施起来却很困难，总结原因并发现问题源于我们的一次失败经历。我们曾为投资方打造一个以“家庭农场”为主要业态的农业园区，从理论层面，我们为投资方打造了多种组合模块，并以个人需求为主要出发点进行落实。然而，在开发商的实际经营过程中，由于每一个家庭都按照自己的意愿去种植，结果出现了数十种种植内容。投资方没有预料到这种情况，原来商定的“家庭生产的过量产品”可以由投资方统一对外销售的模式不再可行，因为太多的种类和种植模式生产的产品显然不能通过统一的销售渠道对外进行销售，导致很多产品只能烂在地里。对于这样的失误，我们重新审视了规划内容，并在此基础上进行了升级。我们提出了一个“1+6+X”的生产模式，制订了宏观的生产任务和目标，也就是说，每一个家庭在春季可以选择一个套餐，每一个家庭选择的套餐可以不同，但是所有家庭的套餐全部加到一起却是一个完整和统一的数字，这个数字就成了我们将来进行统一销售的依托。此外，我们建立了家庭与家庭之间的互助合作社，一个家庭只种植几种作物，虽然种类减小，却非常容易管理，产量自然也增加了，并且一个家庭可以用自己生产的黄瓜与一个生产番茄的家庭进行交换。这样虽然自身生产种类不多，却能够享受到整个园区内所有家庭生产的蔬菜和水果。如此一来，既解决了产量问题，也解决了单块土地生产过多带来的管理问题。家庭与家庭之间的产品互换增加了产品消化，从总量上符合“过剩产品集中处理”的最后一个环节。上述操作为我们提供了很好的实践经验，让我们能够在家庭农场实践操作上获取先人一步的资本。

对于城市里的单个家庭来说，将家庭农场打造成亲子教育平台是终极目标。我们惊奇地发现，大多数购买家庭农场的客户家里都有小孩（一般的成年家庭更愿意购买VIP服务），因为每一个家庭农场背后都有一个很大的社会需求——亲子教育。在台湾宜兰，很多农场都有各种繁多的亲子教育内容，家长带孩子去农场，更多是要通过在农场设置的各种DIY体验环节与孩子深度沟通，寓教于乐，将农场的体验活动当成一种言传身教的成长历程，而孩子在农场可以体验农耕的辛苦，感受与家长之间的互动乐趣，感受不同家庭之间交流的快乐。相比传统的学堂教育，这样的模式十分受家长和孩子的青睐，亲子农业成为台湾农业的一个明星产品。我们现在打造的家庭农场在很大程度上承担了对孩子的一种教育功能，将孩子置身于没有任何干扰的农场环境中，让他们通过对大自然、农业的理解来开发自己的智力、培养自己的心性、丰富自己的知识，并将家庭农场视为一本生活版的百科全书。

随着人类文明的进步，更多经历了“应试教育”的孩子们成长为家长，作为这些人群中的一员，我们都呼吁改变应试教育的人才培养方式，如果改变，那么孩子庆幸，家长庆幸。如果在短时间内无法转变这种应试教育格局，那么我们呼吁每一位经历过应试教育的家长自己动手为孩子撑起一个全新的家庭教育体制！“李某某事件”令人警醒，拥有良好的家庭环境、多重教育背景、多才多艺的一个花样少年，就是在品德教育上露出了人生最大的短板。给孩子一个更好的受教育模式，还是给孩子一个正确的教育方法？家庭农场出现，未来最大的亲子教育平台逐渐形成，大学自主招生，国学书院受到追捧，教育体制大胆改革……我们国家对儿童的教育已经不再局限于课堂，对孩子的培养也不再局限于考试桌上。

家庭农场已如雨后春笋般破土而出，快速发展，这种模式带来产业格局变化的同时，将为我国亲子教育工程提供一个除课堂、客厅之外的另一个平台。

农场主俱乐部，成功人士的农场情结

国家主席习近平访问美国，美国总统奥巴马在农场招待习主席，这被外界称为“最高礼遇”。农场第一次出现在中美外交的活动中，那么为什么“农场外交”被称为最高规格的礼遇呢？在美国人心里有非常浓烈的农场情结，有车、有房、有钞票并不代表你真正“富有”，而农场主才是真正出入上流社会的主角。

“往前找三代，大家都是农民”，这句话真实地描述了我们国家的城镇化现状，很多人尤其是成功人士，或多或少从事过农业，大部分出生在农村，在这些人心中都有一定的农场情结。笔者曾经接洽数十位有建设自己的农场诉求的企业家，十几位企业家委托笔者为他们打造心中的私人农场，最大的占地近千亩，小的也有两百多亩。这是一种旺盛的社会需求，然而并不是每一个有这样需求的人都能实现这样的梦想：土地、规划、建设、运营和管理，每一个环节都牵扯资金和精力，也不是每一个人都能够在合适的时间找到一个适合自己的农场。但在这样的社会需求背后，却极少有人提供相应的产品，或者说没有找到一个合适的方式去满足这种现实需求。

农场主俱乐部，是我们为新时期农场打造的一种满足企业或企业主核心诉求的农场产品。我们在不影响生产的前提下，在产业配套区、产业区边缘寻找到生态、山水位置绝佳的区域进行打造，有的是一块生产基地的统领会所，有的是一处以

“生态企业总部基地”为核心卖点的企业生态疗养中心，有的则是一个农场主单纯聚会的圈子。

在我们的产品体系中，农场主俱乐部有这样几种性质：一是与农场相分离，在农场边缘通过立项打造一块综合开发区域，以商业的形式进行构建，采用永久性建筑，获取40年产权；二是利用农业产业政策，在非耕地的土地上，以“临建”的形式打造较小数量的建筑，产品只有使用权；三是借助国家新政策，对农村宅基地进行合理规划，利用增减挂钩的政策获取一定量的建设用地，直接建设永久建筑，视情况获取产权。

无论农场主俱乐部采用哪一种方式，其背后的农业情结释放和农业产业配套是至关重要的。在自己的农场养一匹骏马，闲暇时间策马田间，畅享田野之际的那种放松心情；在自己的农场搞一个聚会，带大家参观农场，品尝自己种植的食物，品味农场中酿造的红酒，这一切更能体现一个成功人士的生活品位和社会地位；把企业高管聚集在农场，抛开城市的干扰，开一个真正的闭门会议，畅想一下企业的明天和未来，私密的会议环境和良好的配套，是未来企业总部会议的首选地；为对企业做出突出贡献的员工提供奖励游和休养空间，农场主俱乐部正一步步发展成为农场主的休疗基地，农场主俱乐部是依托农场产业和环境打造的一个改变企业、企业主生活及工作方式的产品。

农场主俱乐部背后是大小不一的生产基地，这些生产平台均可以按照定制的模式进行生产，全面体现企业的品牌。我们可以将自己农场生产的健康食品和食材贴上企业自己的标签，作为一种企业礼物，既能满足自身需求，又可以成为企业软文化的推广平台。农场主俱乐部是我们在多年从事农业产业、农业旅游规划的过程中原创的一种品牌模式，在不同的省份、不同的环境中，我们都能打造出独一无二的俱乐部产品，其自身的魅力非言语可以表达。

农场与养老，夕阳与晚霞的组合

中国已经逐渐走进了老龄化社会，养老市场前景广阔、空间巨大，但同时也是问题最多、产品最单一的一个新兴市场。对于瞄准这一市场的投资方，有没有更好的突围方式呢？

图 4-2　养老院与温室的有机组合（集发供图）

笔者认为，新一代农场的打造将成为未来养老产业有效的依托和帮手。

要做好养老产业，我们需要了解老年人的核心诉求：一是“老有所依”，这里指的并不是老年人接受儿女的照料，而是反映一种社会问题，在我国的养老体制下，很多老年人十分担忧养老问题，因此“中国式养老”是“养儿防老和社会养老”相结合的；二是“老有所事”，随着人均寿命的逐渐增加，大多数老年人在退休的时候，仍旧保持着强健的体魄，这些老年人并不想住在养老院或者“养老地产”中无所事事；三是“老有所医”，现代高标准、相对完善的医疗体系是养老产业不可撼动的一个环节，并且在养老产业构建的初期是核心竞争力的组成部分；四是“老有所养”，健康、绿色的养生环境和养生氛围是养老产业的发展方向，打造的绿色环境是要提升老年人的生活状态，从而达到延长“健康生命”的核心目标。在从事农场及养老项目的规划过程中，我们发现，无论是候鸟式旅游地产、城郊第二居所，还是专门打造的养老地产，在与养老产业对接的过程中，都出现了一些问题，但在农场中却能很好地化解，因此我们开始将养老与农场有机地结合到一起，开启了养老产业与第三代农场这一“夕阳与晚霞”的组合。

第三代农场更专注于打造一种田园氛围，是公园化的农场。我们在注重农场产业的基础上，更专注于打造一种田园环境，这种环境正是养老、养生理想的家园。或管理自己的田园，或几个老年朋友一起交流种地心得，或将亲手种植的果蔬带给城里居住的儿女们，这里的老年人更有活力，这里是老年人“二次创业”的热土，在这里老人们有“发挥余热”的想象空间，有更多的时间和空间规划自己的生活。结合老年人的需求，在第三代农场中打造“老年创智乐园”、“老年农业课堂”、“活动中心”、“春草私塾”等项目，为老年人提供沟通、交流的平台。

第三代农场更专注于构建具有价值认同的养老圈子。“回归田园”是人的一种天性，也是一种情结。如果说候鸟旅游地产和养老地产有更明确的目的性的话，农场养老就是有很大的随意性，这里更关注与激发老年人的那种回归田园的天性和对农场的情结。情结凝聚，形成了拥有价值认同的老年生活圈，这里的老年人有更多共同的爱好和话题，这里圈子更具有亲和力。此外，在农场老年产业的规划过程中，可以将老年人掌握的一技之长合理化分工，例如，请老年医生成立“老年养生顾问”团队，兼职为其它老年人解决老年养生问题，请退休教授组建“老年大学”，请退休的画家、艺术家组建“老年文化艺术中心”等，这些老年人数十年的专业背景完全可以满足农场老年社会中所需的一切，也可解决老年人生活中最为重要的一环——“老有所事”。

农场养老的核心优势——这里的一切都是有机的。无论是雾霾缠身的城市养老院，还是山清水秀的候鸟养老地产，都不能构建全生命链的有机养老环境。在农场的养老产业中，老年人可亲自参与或监督整个农场的生产、生活环境的建设工作，从吃到住，一切环境在田园化的三代农场中都可以做到天然有机、全生命链的养生环境，是农场养老特有的，也是最具有核心竞争力的一个环节。

如何将农场与养老有机结合？这里需要我们关注以下几个问题：首先，单纯靠农业产业配套的建设用地指标是达不到发展养老产业的需求的，我们需要在农场规划初期选择“农场+养老”的发展模式立项，通过规划获取一定的建设用地指标，在不占用基本农田和影响产业发展的前提下，采用临建的形式构建养老产业所需的活动空间，以解决养老产业与农业之间土地性质的矛盾关系；其次，构建吃、住、行、医疗、养生等全生命链的有机养老环节，通过与知名医疗、养生机构合作构建自身并不专业的环节，提升农场养老的核心竞争力；第三，从关注养老本身到关注老年生活方式和生活环境，增加并丰富农场的配套设施，让老年人有多重空间打发自己的空余时间，体现自身的社会价值；第四，与社会接轨，充分对接国家政策，与养老保险机构、养老机构、高标准医疗及体检机构进行合作，做资源整合者；第五，构建养老产业的外围服务，例如，打造社区直通车，可以将班车联动老年人儿女居住的社区，在交通环节上完成城市与农场之间的无缝对接；第六，构建老年教子平台，我国老年人都会选择帮助儿女带孩子，因此在农场中规划出符合老年人教育第三代的平台和设施是十分关键的，因此打造“春草私塾”等类似项目是拥有市场需求的。

养老产业与第三代农场，是一对夕阳和晚霞的组合。二者的结合虽完美，但又谈何容易？在实际的操作过程中，因为地方政策、市场环境、土地性质及投资方诉求的不同，没有一个项目可以用一种模式来解决。对于农场与养老产业的融合，已经不单单是一种理念高度，很多人已经走向了实践，相信在不远的将来，农场式养老将成为一种潮流，或许会是养老产业发展的风向标。

五斗投资：

做“土豪”的本事和智慧

正确看待农业政策补贴

笔者在从事农业园区规划的过程中，时不时被人问起，作为规划单位，是否有更多获得农业补贴的渠道？在整个农业园区规划领域，也有不少规划单位打着“协助获取”农业政策补贴的旗帜在从事着农业园区规划事业。那么农业补贴在整个行业中又扮演着怎样的角色呢？

从对整个行业发展现状的调研来看，农业补贴在部分地区发展成了一种“怪象”，一些掌握了政治资源的投资方，从园区的选址、规划到展示区的建设，从头到尾都是按照获取补贴需求而进行的，正所谓“按需订做”。“神通广大”的人们在获得了政策补贴后，获取了大量的农业资产，但对于农业生产来说，基本上没有起到任何作用。更有甚者，一些投资者的出发点本身就是“病态”的，他们依靠政府的补贴获取农业生产微薄的利润，维持基本的农业生产，补贴年年到账，但只是弥补了园区生产中的亏损或利微的现状，其生产本质没有改变，企业的生产方式没有得到提升，盈利模式没有得到升级，农业补贴的作用只是自然维持这种经不起市场考验的伪繁荣。政府补贴是国家农业政策背景下的一种无奈之举，如果没有补贴，从事农业生产的人会越来越少，国家的食品安全就会受到威胁，可是单纯的政府补贴依旧没能阻止发达地区大量的农田荒置，没能阻止越来越多的年轻人离开农村，依然没有解决市场价格需求关系。这种单纯的补贴难以为继，这也是国家在 2014

年中央一号文件中提出“发挥市场价格机制，国家补贴市场环节的弱者”这一政策变化的渊源。

我们可以通过中央一号文件看到国家对于农业补贴政策的变化，这种变化积极有效。对整个行业而言，最有效的变化并不是国家提出了全新的补贴政策，而是对农业市场定价的调节作用，也只有市场机制逐渐改变，才能从根本上改变整个农业经营的现状。那么对于国家农业补贴，三代农场应该如何看待？

首先，三代农场绝不是以获得补贴或依靠农业补贴才能得以发展的，它更多追求的是一种品质消费市场，其定价策略拥有较强的话语权，一般不受国家农业价格因素的影响，因此单从农业生产角度而言，三代农场的利润是有一定保障的，因此农业补贴的获取只是三代农场盈利模式中的一部分。

其次，将获取国家政策补贴作为三代农场的一种调味剂。作为未来农场的引领者，获取农业补贴自然是符合国家相关政策的，虽不以补贴为主要目的，但补贴的获得却能够优化三代农场的盈利结构，拓宽盈利渠道，这要求我们在规划及基础设施建设的过程中，做出可以获取补贴的正确选择。

第三，除了农业补贴外，三代农场还可依托林业、水利等不同领域，在基础设施建设的过程中获取渠道的补贴。此外，在三代农场内安排专门对接农业补贴的工作人员，对补贴的获得进行专人专管。

农场获得的补贴，既可以用于日常的经营管理，也可设立农场基金用以鼓励农业创新及技术发展。总之，利用好国家给予的补贴，有效地提升农场经营管理水平、推进农场品牌化、科技化进程，借助补贴这一“调味剂”，将农场这道菜经营得更加有滋有味。

“擦边球”要擦政策的边，不能擦法律的边

以进入这个行业之后，笔者接触了形形色色的投资方和经营者，大家在一起交流的时候，都免不了咨询同一个问题，有没有适合自己的“擦边球”可以打？

何谓擦边球？是目前北京正在清退的耕地上所谓的“配套用房”，还是在温室里建设的四合院，或者小产权房的开发？在笔者的字典里，的确也有过“擦边球”这个字眼，但是与一些“土办法”不同，我们是在符合国家法律法规的前提下，率先提出了一种农用地的规划方法及合理化利用。

首先是打农业基础设施的“擦边球”。农业项目的基础设施主要分成三大部分：一是利用土地性质，结合土地平整和治理，形成的耕种板块；二是为整个农业服务打造的水利设施板块；三是为整个农业项目打造的交通基础服务板块。在土地整理过程中，应重视一般农田、林地、荒地、河滩地等性质的土地，在整理之前要遵循合理的规划设计，在农业5%左右建设用地配套的基础上，通过规划获取非耕地性质上的额外建设用地供给；在水利设施的规划及建设过程中，要因地制宜获取多重目标，例如，修建水库及其它水利设施，既要满足灌溉用水的需要，又要满足景观用水的需求；在交通规划中，应对应国家相关政策修建生产路，硬化与临时土路相结合，主干道尽量满足旅游与生产的双重需求，为降低道路较窄对项目的影响，可采

取单向循环、分级实施的方式。

其次是打农业配套设施的“擦边球”。根据农业项目性质不同，每个农场可拥有大概占总面积3%~7%不等的配套设施用地，但是这部分土地多为生产性配套，在现实生产过程中，这一比例的土地并不充裕，因此很难有多余的土地指标用于产业纵深、旅游、休闲、餐饮等其它配套设施的建设。节约土地指标是一个关键要素，这要求我们尽量用“临建”或非建筑形式解决生产性配套，而经节省出的土地指标尽量供给“深加工”等其它更需要永久建筑的项目。在农业种植区域，在地下建设配套设施，在不耽误地上生产的前提下，完成生产性配套，节约土地指标这一稀缺资源。借助温室结构打造休闲、餐饮等配套设施，如温室餐厅、温室游乐项目等，都属于此范畴之内。在种

图5-1　山体茶窖案例图

植区域，在不影响种植的情况下，采用临建的形式提供一些简单又别具风格的旅游配套服务，如果丛林餐厅、帐篷酒店等。

再者，顺应国家政策，打造新型“擦边球”项目。在农场选址、规划的过程中，将耕地周边的村庄一并整合到农场的规划之中，打造“新型城镇化+三代农场”的组合模式，结合新型城镇化及国家农业产业政策打造新时期的“擦边球”。农场解决了老百姓的就地转化、就业和未来的工资、社保等需求，新社区降低了村落占地面积，多余的土地指标补充到三代农场的配套设施建设上。但并不是任何农场都适用于这一方式，一是要看农场的规划定位是否需要大量的建设用地；二是要看村庄的位置是否影响农场的生产效率；三是要看投资是否能够达到平衡；四是要看当地是否具备相关政策。

“擦边球”这个词语在任何一个领域都是隐晦的，都是暗箱操作的，在过去的农业产业中，也不例外。笔者认为，“擦边球”可以擦政策的边，但不能擦法律的边；“擦边球”更多应该用智慧和创造，而不是为自己的“大胆”埋下隐患。

不是躬耕，而是平台和品牌

笔者曾跟一个投资农业的朋友彻夜长谈，听他在农业领域的心得，听他这两年的事必躬亲，农场里如何与雇佣的农民斗智斗勇，以及每年算不赢的账目。因为看好农业，他将农业作为转型的方向；因为熟悉农业，他认为只要付出汗水总会有收获；因为拥有雄厚的资金，他认为规模会战胜一切。听完他的境遇和现在的困惑，笔者也谈及了一些对投资方进军农业的看法。

投资方，利用一切资源做自己最擅长的事

笔者认为，投资方一定要清楚自己的实力，明白自己更擅长做什么。如果一个投资方需要“事必躬亲”去做农业，那么这个投资方做到最后是越做越小、越做越累、越做越赔。我们想要成功，就要看到我们能做而农民不能做的事情，并且要把这些事情做到绝对专业化。

一是通过土地流转持有土地，并通过科学的规划打造种植、产业、旅游及其它配套设施，为整个园区实现规模化种植、集约化生产、标准化运作、专业化管理等目标奠定发展基础，并依托规划及规划的实施获取政府给予的相关产业政策补贴。

二是是引入科技，采用设施农业技术、生物防治、太阳能技术、循环农业体系等，为整个园区完成高产、低碳、产业示范等环节，为整个园区奠定发展的核心动力。

三是打造企业自身的生产及加工标准，为员工制定生产准

则，为合作机构制定生产标准，并严格执行能够满足未来消费者现实需求的标准体系。

四是打造集种植、采摘、加工、物流配送等功能于一体的农业全产业链。与普通农民不同，我们利用自己的资金实力，打造产业链条，获取每一个生产链条中产生的附加值，以获取最大的产业投资回报。这样的体系也会降低我们对初级市场的依赖，增强话语权和定价权，甚至可以打造真正意义上的农业“直销体系”。

五是持有并有效地经营园区。园区本身除生产、加工、物流等环节外，作为一个承载物，可以被赋予更多的功能以增加其盈利空间。我们可以导入旅游、休闲、餐饮、娱乐甚至度假产品，在经营园区的过程中获得其它功能带来的产品额外收益，也可以通过直接面对客户的口碑宣传优势，增加产品的附加值和核心竞争力。

六是专注品牌、营销及服务。与现行一般农民的生产及销售模式不同，企业最大的优势在于对品牌的包装及投入，企业可通过创建品牌、增加营销投入、提升服务质量等多个环节增加企业收益。

七是引入“非农思想”，跳出农业做农业。作为外行人，我们要引入其它行业的思想进入农业产业，规避农民根深蒂固的传统农业思想，只有思想得到根本的转变才能够构建现代农业的发展未来。开发商应该把自己接触的现代理念有机融入到农业产业之中，而不是被现行的农业思想而改变。

投资方，打造农业大平台是投资成功的关键

为生产者搭建平台。农民是生产的主导者，但他们单打独斗、没有话语权、缺乏品牌意识，因此几乎没有产业利润可言。而知识匮乏导致创新力活力不足、单一生产导致链条纵深支撑缺乏、生产模式简单导致劳动力储备不足等，都已经成为农民发展农业的掣肘，因此刺激农民生产积极性、提高农业收益、重新定位农民身份是投资方需要搭建的第一个大平台。让农民在这个平台上受到雇佣、收获社保、接受培训、获取土地红利甚至可以根据年度生产情况获得二次返利等，也只有提升了农民的生产动力、生产效率和生产收益，才能够完全把握生产力——这个平台就是劳动力平台。

为生产者与市场搭建平台。通过订制模式，以市场需求为根本出发点，将市场的需求化作订单，交予生产者生产，而生产者生产的农产品可以不经过流通环节直达市场消费终端。这里分为两种模式，一种专门为大的订单客户进行生产，如大型企业、社会餐饮、超市或农产品专卖连锁企业等；另一种为家庭需求进行生产，以销售家庭 VIP 卡的模式完成单个市场终端的集约化生产。而企业要做的更多是平台的搭建、维护和服务，并通过构建物流、物联、监控等体系不断完善平台的可达、可视及可监控性。订制生产率是衡量一个三代农场发展是否健康的标志性因素。

为合作社与企业搭建平台。一个企业的力量是有限的，如何在一个企业的带动下，将当地甚至是外地具有生产能力的农民合作社组织有机地联动起来，是企业能否做大农业产业的关键。

通过“订单+生产标准”的双重控制，搭建“企业+N个合作社”的产业平台，借助掌握的市场信息、物流体系及营销模式，将整个平台有效连接，并借此进一步扩大市场需求，打造农业产业的航母编队。

为消费者与农场搭建平台。打造观光、休闲、商务、度假等板块，为大众消费市场、VIP客户提供不同种类的农场休闲、娱乐服务，让消费者走进农场、了解农场、监督农场、传播农场、带走农场，为他们搭建一个现场版的体验环节，同时获得更多消费者的青睐。

搭建平台，是投资方完成资源统筹、完善产业链条、有效组织供求关系的关键要素，是投资方在农业领域投入的重中之重。

投资方，拥有品牌是鹤立鸡群的唯一手段

在苏州，有两个著名的湖泊，一个是太湖，一个是阳澄湖，两个湖都盛产螃蟹，但阳澄湖的螃蟹最贵卖到几百元一只，而太湖的螃蟹在前几年只是几十元一斤。两个相距不到五十公里的水域，其主打产品的价格却却有天壤之别，这里的魅力在于品牌。而品牌对于农业企业来说，是未来最大的一块利润源

图 5-2　某品牌黄茶园

泉。数千年来，中国只形成了屈指可数的几个农业品牌，因此，这些品牌已经陷入了各方争抢和鱼目混珠的泥潭之中，而投资方应该抓住中国农业品牌起点低、前景广阔的机遇，以品牌制胜，尽快占领农业高地。

打造品牌，切忌为整个行业做嫁衣。品牌需要投入大量的推广资金、时间和精力，而我们需要点对点地进行创建，而不是为整个行业做贡献，要借用有效的资金打造属于自身强有力的品牌。例如，在推广的过程中，描述整个黄茶的好处，而不是将重心放在自身的品牌上，这样的宣传就是为整个行业做推广，不会有太大的作用。

打造品牌，要注重母品牌的多元性。我们是做子品牌还是母品牌？对于有实力的企业而言，应该将母品牌作为品牌构建的重中之重，而在母品牌下分成若干个子品牌，因为市场是多元的，单一品牌容易让我们放弃整片森林，而子品牌可以针对某一个市场特定人群主推形象，因此母、子品牌的格局应该统一考虑。

打造品牌，应该不受种植内容的影响。如果根据种植内容来确定品牌，容易在转型的时候丧失品牌的核心竞争力。因此，母品牌的制订不要直接定位于单一作物，而是多种生产内容的集大成者。

推广品牌，应在生产达到一定规模、产品获得一定认可之后。不要在产品还未定性的时候就开始品牌的推广，应该在产品自身获得一定的市场美誉度和口碑以后再进行大规模的品牌推广。

推广品牌，应在不同阶段采取不同模式。在产品刚入市的阶段，尽可能采用体验式的推广方式；在发展上升阶段，应该强化区域品牌及消费者意识；在“加盟”或大发展的阶段，应采用广泛且具有杀伤力的推广方式。

品牌是企业未来利润的园区，是投资方进入农业的最终追求。

不是躬耕，而是平台和品牌，这是投资方进入农业产业的金科定律，无限发挥投资方的想象空间和资金实力，让专业的人做专业的事，做好统筹和安排，做好平台和品牌。

调动农民积极性，促进农民就地转化

2014年中央一号文件提出“保障农民公平分享土地增值收益，改变对被征地农民的补偿办法，除补偿农民被征收的集体土地外，还必须对农民的住房、社保、就业培训给予合理保障。因地制宜采取留地安置、补偿等多种方式，确保被征地农民长期受益”的指示。无论是现代农业园区还是三代农场，在建设过程中，都会涉及农民耕地流转及征用农民集体土地的问题，如何采用最佳的方式处理土地流转及农村征地，调动农民积极性，以最快捷、最平稳的方式完成农场建设，是一个极为关键的问题。此外，在农场的经营过程中，当地居民是产业工人最好的选择，但是现实情况是，当地居民在生产中并没有想象中的积极性及现代农业素质，这也成为限制现代农场发展的一个主要瓶颈。为此，我们提出以下建议，因势利导，旨在提

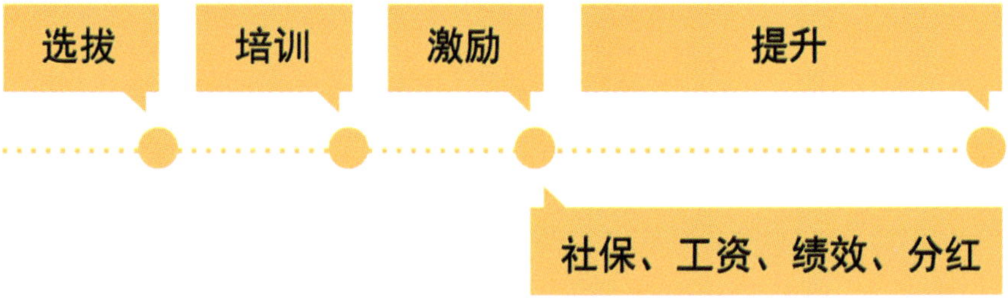

图5-3 培养合格产业工人的步骤

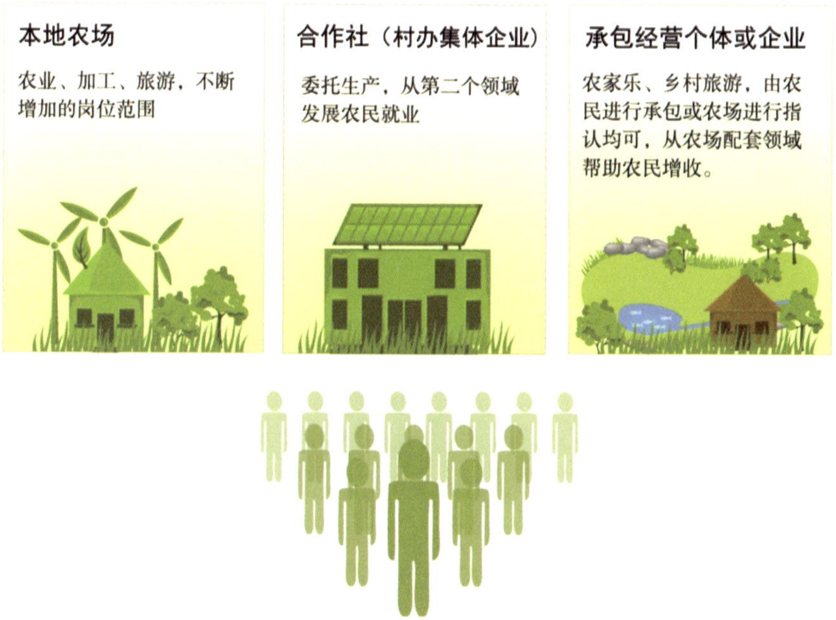

图 5-4　三代农场可就近选拔产业工人岗位一览图

升农民积极性，促进农民的就地转化，为实现国家十八大全面建成小康社会发挥农场的效应。

构建符合发展潮流的合作方式。与以往的土地流转、农民吃租金的方式不同，我们除了给予流转土地租金外，还可通过新农村建设整合村民的宅基地，除了安置村民以外，还将给予失地农民一定的股份，因此农民除了收取租金收入外，还将在每年领取土地分红收益。

为农民提供工作岗位，并对农民提供系统的农业技术培训，全面提高生产标准，使得农民能够尽快向产业工人进行转化；为产业工人上社保，解决产业工人的后顾之忧；为产业工人提供工资、绩效及年终分红的收益体系，全面激活产业工人的积极性。

为不能成为产业工人的失地农民保障营生。借助农场的综合影响力，协同发展乡村旅游和农家乐。在新城镇的建设过程中，在合适的区域打造适合农家乐、乡村旅游使用的房产户型，并安排有一技之长的农民承包经营，通过农场的配套产业为农民创收。

帮助农民成立专业合作社或村办企业，并通过合作社及村办企业与农场之间的合作，达成更深度的合作。例如，农场按照既定标准委托合作社进行生产，既能扩大经营范围，还能从根本上促进农民的积极性，最终达到良性循环。

三代农场除了传统的农业生产领域，其综合的发展模式还将从产品粗加工、物流、配送、旅游、餐饮、娱乐、管理、运营等领域，为农民提供更多的工作岗位，为不同素质、不同年龄和掌握不同技能的人提供不同的就业选择。

解决就业、保障失地、享受土地红利，让农民与农场同呼吸、共命运，农场兴则民众兴，当农民鼓足干劲与农场荣辱与共时，农场最大的瓶颈就不复存在了。

掌握人才掌握未来

在规划领域混迹了近十年，从旅游、文化、地产再到农业，从没见过哪一个行业比农业企业对人才的渴求更强烈，几乎每一个农业园区都在寻找合适的职业经理人。

对于农业人才，笔者是这样理解的：掌握农业的基础理论、对农业市场极为敏感、深谙园区经营之道、具备优良的管理素质、对旅游与休闲等业态的经营也比较熟悉。要引进知识能力跨度如此之大的人才着实不易。

与农业人才庞大的需求对比，国内院校却缺乏该类人才的培养机制，国内的农业院校或者培养农业技术人员，或者培养为数众多的园林、景观、绿化人才，而农业技术人员很难走出自己的领域，规划、园林、绿化明显与农业领域所需人才的要求大相径庭。在社会领域，从事旅游管理的人员很难直接走近农业，农业技术人才更多出入在温室之中。现代农业的综合发展已经不再局限于传统的生产领域，综合发展模式已经成为一种必然，因此原始的农业园区培养的农业人才并不能完全胜任新时期的要求，即便部分园区的经营人员的综合素质比较高，由于大量农业园区的逐渐兴起，对于人才的需求也愈发显得迫切。

此外，现代农场尤其是三代农场的发展，对人才的素质提出了更高、更丰富的需求。首先，在农业健康安全需求旺盛的当代中国，食品观念的引入、安全生产标准的制定和落实、安全检疫检测设备的引进都是建立在食品安全专业技术人才培养、引进的基础上的；其次，物联网、数据库终端，要求引进专业的数字化管理人员，他们肩负着整个农场生产监控、数据统筹、日志录入等工作，是整个农场实现“现代化”不可或缺的人才；第三，市场调研、市场开发、市场营销类人员，是三代农场完成生产配置、增加定制率、提升农场销售业绩的关键，而市场营销人才的引进也是三代农场必不可少的部分；第四，农业技术升级、新产品引进、生产标准制定及监督落实，需要专业的农业技术人员对体系进行支撑，同时农业技术人员也将承担对产业工人的培训、指导及监管工作；第五，整个农场的运营、统筹管理，更需要具备综合素质的管理人员。

农场就业环境的特殊性，也是造成这类人才紧缺的原因之一。农场地处农村或城市边缘，高级人才管理农场一般都会深入当地办公，这种居住城市、发展在农场的职业生涯也成为拦截人才进入农场的一个重要原因。此外，传统农场的工作环境也无法与城市媲美，对人才的吸引力与城市相比比较弱。

对于人才的紧缺，短期内是无法弥补的。鉴于此，笔者建议：投资方在设定农业投资之初，要对整个农业行业进行系统的考察和调研，对管理团队的梯队建设工作要走在前面，最好选择两个拥有专业管理经验背景的人做职业经理人，在现实的经营过程中，农业技术人才很难转化成管理人员，倒是旅游管理、企业管理、营销等领域的管理人员容易通过学习一些农业基础技术知识，并在专业人员的帮助下较好地完成管理任务；建立人才培养机制，与专业院校进行合作，向院校提出“订单式培训课程”，通过培训体系提升整个管理团队的技术及管理水平；建立产业工人的培训机制，保障生产人员能够按照企业标准落实生产作业，并在此过程中积累、记录一线经验，从本

质上提升整个园区的技术水平和员工素质，补强最大短板；制订园区人才战略规划，通过园区规划落实、生产发展的进度培养或引进相关管理人员，避免让人才成为制约农场发展的瓶颈；积极应对人才短缺和培养，通过改善就业环境、提升工资水平、加大绩效奖励吸引城市人才走进农场，甚至可通过股份分红等收益吸引人才加盟。

对于农业人才短缺，笔者向人才培养的几个领域呼吁：建议我国农业、旅游类大专院校，将农业领域综合人才培养纳入引进计划，从市场角度培养人才能够提升毕业生的就业率，同时为整个行业做好基础专业人才的输出工作；建议规划院、研究所、院校根据企业的现实需求，提供专项的培训服务；建议企业自身建立人才培养战略，并为自己在农业领域扩大经营储备优质人才；建议转变“到农场就业”的概念，提出农场“金种子”工程，将“金领”的工作岗位印象灌输给整个社会，让人们勇于赴农场做职业经理人，从而完成个人的职业生涯梦想；建议第三方机构汇聚人才力量，为整个行业提供服务，降低短期内人才供给不足对整个农业行业发展的限制。

所谓的第三方，在其它领域的发展是非常完善的。例如，雅高、凯宾斯基除经营自持的酒店外，还按照同样的标准托管其它酒店，通过收取服务费用创造价值，而第三方的服务在农业领域同样受用。鉴于此，笔者呼吁社会中的活跃分子抓住全国农业产业大发展的契机，选择性地在以下领域完成自己的创业梦想。

一是农业园区托管业务。管理公司储备实操经验丰富的管理人员，通过既定的管理模式对外输出，并通过整个公司做平台，对托管的农场进行有效管理，通过获取管理佣金及经营提成的方式获取收益，在管理多家农场后，可通过掌握的农场生产资源与市场进行对接，完成各种生产要素的二次配给，形成一个良性的发展格局。

二是农业基础数据调研及监控机构。在我国，农业生产资料尚没有一个公开、透明的平台，这容易生产造成农业生产者跟风，导致农产品价格产生剧烈地波动。这些都是因为对农业生产及市场的把握不够明晰、不够彻底，因此呼吁社会成立“农业指数研究院”或类似的数据调查机构，通过市场调查掌握一手市场信息，从而为农场服务，为农场提出生产配给及市场预测，同时呼吁国家成立农业大平台，统筹管理各类农业生产信息，让整个农业市场迈向良性的发展格局。

三是农业人才专业培训机构。通过对接农场现实需求，整合行业内具有培训实力的专家和实操人员，对具有需求的农场进行短期或长期的培训，同时提供相应的顾问服务，通过咨询服务获取利润，同时缓解农场对人才的需求。

四是专业的农业品牌策划、包装设计、市场推广服务类企业。未来的农业需要新的形象及品牌影响力，需求势必会成为类似服务型企业产生的动力。

五是针对企业监控需求提供物联网服务的专业公司。目前，物联网的应用还没有得到全面发挥，而未来农场的全面监控及追溯需求势必带来更多的物联网服务需求。

六是针对传统服务型企业进行升级。对温室、太阳能、地源热泵、物流、园区规划等领域进行升级，逐步满足三代农场的现实需求。

只有在院校培养、企业培育、第三方服务三个重要的环节形成良性发展，才能从根本上解决农业领域人才紧缺的难题。笔者认为：得人才者得天下，掌握人才者方能掌握未来。

做一个农业的上市公司

随行就市？整个中国股市的不景气，整个房地产行业的不明朗，禁止三公消费后酒类等传统农业上市公司集体报亏，黄金投资的跌宕起伏等现象，导致整个民间投资一时难以找到一个平稳的避风港。十八大三中全会提出的全新的三农发展思路、中央一号文件连续11年对农业的关注、新型城镇化带来的农村发展契机、企业投资农业进入黄金发展期、逐渐恢复的农产品价格市场化机制、民众对食品安全的重视和追求，农业领域的投资成为企业和民间投资的香饽饽，在新一轮创业机会的前沿，是随行就市，还是再造一个农业领域的资本传奇？

从发展形势来看，农业投资整体利润率虽低，但随着国家对农业的逐步扶持、生产力的提升，尤其是针对高端消费人群打造的健康农业产品，却拥有着较大的利润空间。社会餐饮业的奢华风逐渐消失，由产量到食品安全观念的转变和“民以食为天”的大众基础消费观念的转型，提出了全新农业的发展思路；单一家庭的生产方式逐渐退化，企业进入农业领域，带来了全新的发展模式及标准化，成为农业领域的二次革命。

在我国，企业主导的农业生产方式正处在发展的前沿，但已经成长为蓄势待发之势，是我国农业产业大发展的前奏。对于企业来说，无论是通过规模效应还是品牌效应，企业追求的目标就是利润，它们不再用“免费的劳动力”作为“利润”支撑点。当国家补贴模式远不能支撑整个产业园区的发展之时，创新是唯一出路，而在这一过程中，无论是资本、管理、标准、营销还是服务，都将成为企业主导农业后的突围方向。在这一基础上，打造一个农业的上市公司，会成为很多投资农业的企业的重要追求。

与其它领域不同，农业是最稳定的投资领域，待“利润链条”获得本质改善后，就具备了打造上市企业的基础。农业是一个长线投资，企业在占有、规划、改造、经营和创新过程中，需要庞大的资本支持，而公司上市是农业投资领域获取资本来源的最有效渠道之一。鉴于民以食为天的本质及健康餐桌文化意识的树立，投资者一方面是直接的消费者，一方面是投资的受益者，平稳的投资回报率适合长线持有、获取股息的正常股民。

笔者对农业企业上市提出以下构想。与以往的加工类企业（酒类）争相上市不同，农场作为最初级的生产型企业，会成为农业上市公司的重要组成部分。在当代中国，农业生产很难达到集约化、标准化，没有定价权，利润率极低，缺乏上市的根本要素，而由企业主导的园区化、农场化生产带来的企业管理理念、标准化、经营模式、资本投资、市场营销及具有突破性的整合能力，给整个农业领域的生产带来革命性的变化，从而加大了生产这一环节的核心竞争力。在农业投资领域，一个集团拥有十几个面积在5000亩以上的农场，已不再新鲜。这些农业投资方开发大量的农业土地，拥有全新的管理模式，无论从投资背景还是农场本身，已经具备打包上市的雏形，因此以企业为主导的生产单位将成为未来上市公司的一个不可忽视的力量。

以“自然农业奢侈品”为定位的高端健康饮食提供商，会成为上市公司的组成部分。这部分企业不以规模取胜，却掌握着最高端农业领域的风向标，无论是产品深加工还是直接包装纯天然农产品，都是这类企业未来的空间。

与传统农业不同，农业产业的整合者会成为农业类上市公司的有效组织力量。他们虽然没有自己的生产基地，却创建了农业自主品牌，掌握大量的市场消费信息。无论是农业期货还是实体经营，农业领域的整合者已经站在农业产业的转折点上，迎来了属于自己的春天。

在传统酒类受三公消费影响而逐渐低迷的同时，以“健康饮食”为主导的“农场订制白酒”及“果酒”将成为我国未来酒业的突破力量。与传统的白酒行业不同，农场拥有从生产到酿造的一条龙把控体系，完全符合健康饮酒的消费需求，同时采用传统的加工工艺，并不以酒厂的产量取胜，却因农场的质量获取充足利润。在红酒发展的轨迹上，会诞生更多以“健康”为主的果酒系列产品，也会萌发更多的果酒庄园，果酒的

价位、健康品位、可追溯的体系都将成为果酒发展的有效依托，而依托果酒产生的果精、果酱、果茶、果醋等附加产品，都将成为未来农林产业获得有效利润并走向上市的有效抓手。

无论您是一个生产者、加工者，还是一个农业领域的整合者，只要您是企业，那么将自己的农业公司打造成上市公司，应该是每一个投资农业的企业努力的方向。

六斗落地：

新农场投资实操演练

土地资本化，一级开发玩转万亩农田

给你一个农场，总面积1.5万亩，让你在5年内完成开发，该怎么办？投资一个农场，总面积10平方公里，让它在5年内产生利润，又该怎么办？在这里我们浅谈一下农场的“一级开发”模式。

在这里提出的“一级开发”，并不是城市的“七通一平的土地一级开发”，而是通过对农场整体规划和包装，以农场为平台，吸引或吸收多个投资方、生产者共同完成整个万亩农场的建设、生产和持续发展的过程，解决农场开发周期长、基础投入高、投资回收慢的问题。

在未来农业产业的发展过程中，一万亩的农场将会是一个基本单位，这是与农业产业的性质所决定的。一个一两千亩的农业园区，在生产过程中，很难支撑一个主要的市场群体，很难去构建一个农业品牌，其生产规模也很难做到“获取话语权和定价权”，因此万亩农场的出现是一种必然，然而这样一个超大规模的农场，按照传统的思维是很难运转起来的。这就要求我们转变思想，将土地资本化，并通过合法的手段引进或吸纳他人进入我们的园区——这里要说明的是，土地一级开发并不是“流转后再承包”这种简单的转嫁土地成本的行为，而是在统一规划、统一标准、统一管理、统一运营、统一营销、统一销售、统一配送的前提下完成的农场“招商引资”行为。

一个统一的规划是衡量万亩农场发展水平，科学实现农场

“一级开发”的核心要素。我们需要用一个具有发展愿景的规划向主管政府阐述我们的发展理念、投资规模及由此带来的社会、环境、经济和谐发展；我们需要一个真正具有说服力的规划让投资者充满信心地进入我们的链条之中，成为我们完成万亩农场事业的合伙人；我们需要一个实在的规划，让当地农民看到实惠，看到未来的发展价值，看到转为产业工人后，社保、工资、分红等收益，是一种活在当前的现实；我们需要一个发展的规划，合理地规划和调配农场的资源，形成有机联动的全生命链条，有效衔接种养循环，达到园区整体“零排放”的同时，协调发展旅游、休闲、度假等第三产业，完善园区的产业盈利结构；我们需要“个性”的规划，引入特色文化产业，打造原创品牌，从整体上塑造出农场的核心竞争力。

我们将统一生产标准，按照既定标准进行生产、加工，无论是哪一个链条上的分包商，都要接受农场的监督，并形成有效的淘汰机制，保障农场生产出来的产品能够获得充分的质量保障。

我们将统一管理，通过市场反馈、产品订单等信息统一协调各个地块的生产种类，避免出现内部竞争的局面，并通过有效管理，对于符合统一要求的投资方提供“二次返利”及“保底运营”的政策。

在农场的统一营销、统一销售（符合标准且签约）、统一配送的运营体系下，投资方投入的更多是资本，生产的主体还是就地转化的当地农民，因此农场虽然有多个投资方，但根本上还是一个有机的整体，还是一个完整的农场，因此园区对外旅游、餐饮、休闲等接待并不会受到影响。

我们将农场一级开发分成三个主要组成部分：按照土地的规划，我们划分出不同的生产区域，接受不同的投资者进入园区从事种植和养殖，生产出来的产品的品质需要通过农场的统一验收，双方按约定进行利益分配；按照产业链条，投资者可进驻园区进行产品深加工，例如万亩蓝莓基地，投资者可引入蓝莓深加工生产线，双方按约定进行利益分配；如果投资方本身也是消费者，则可直接投入资金，直接参与部分土地的投入，并委托农场或农场指定的第三方全权管理，除了以较低价格收获该土地上生产的产品以外，还可以获得土地的剩余价值。以上三种方式只能代表在农场生产领域中的“一级开发”受众，而在流通环节，还可引进物流公司、连锁加盟商、电子商务平台等不同领域的投资人共同做大农场的产业。

正是因为有了更多投资者（合伙人）的资金投入，农场可以在很短的时间内获得全面的开发。投资者向农场的一级开发商缴纳了一定的土地费用，分摊了开发成本，一级开发商才得以在短期内获得一定的开发收益。未来的中国农业，会出现更多的万亩农场，甚至会出现一个企业拥有多个万亩农场的情况，做好“农场一级开发模式”的功课，是更好、更快地主导农业产业的快捷方式。

异地种植——现代农场的旅游竞争力

用一句旅游圈里通俗的话来讲旅游活动:“一个人从自己熟悉的地方到别人熟悉的地方去。”这句话对农业来说也非常适用,试想一下,如果我们打造的农场与周边大量的农田种植没有任何的区别,游客为何要走进农场?

我们需要将本地没有、无法实现或无法完美实现的种植内容合理规划到我们的农场之中,将南方种植的作物“搬”到北方让春、夏季才能开花结果的植物在秋冬季实现,让吉尼斯世界纪录走进农场,将农场公园化、种植景观化、农业主题化等,打造真正可以让游客体验“猎奇”的农场产品,这就是农业旅游吸引游客的核心竞争力的构建法则。

现代农场打造旅游竞争力要体现产业规模化效应。与周边种植、生产环境不同,现代农场具有明显的规模化效应,利用规模化效应打造旅游核心吸引力,并在农场规划之初就为游客规划好旅游服务设施,方便游客参观大型农场的种植区域。

现代农场打造旅游竞争力要体现产业链的完整性和纵深发展。与普通生产方式不同,我们为现代农场打造“全产业链”,从研发、示范、种植、采摘、粗加工、深加工、冷链物流、门店展示全产业链条,并结合循环农业的标准,打造产业链条及内循环体系两条旅游体验主轴,构建产业吸引力。

现代农场打造旅游竞争力,要体现科技农业的价值。我们利用农业科技,打造“树形蔬菜”、“无土栽培”、“空中种植”、“太空育种”、“育苗实验室”、“机器人采摘”等现代农业技术的代表，并通过现代农业技术凸显旅游吸引力。此外，利用现代温室技术，打造“南国北种”、“异国风情”、“生物防治”、“太阳能制暖”等现代技术，构建农业科技的旅游吸引力。

现代农场打造旅游竞争力，要体现出农业景观的价值。首先，我们要实现大田种植景观化，采用公园化的理念打造农场，将整个农场打造成高端大气的大地景观区；其次，我们实现农业旅游景观化，无论是绿化、雕塑、小品或是地标建筑，都可以用农业的元素来打造；第三，实现温室的景观化，去除传统农业温室的管理用房，采用一些果蔬造型来体现农业设施的景观内容，有着奇妙设计思维的设施温室会在与传统农业的对比中

图 6-1　北方温室里的椰子种植园

鹤立鸡群；第四，采用人们意想不到的异形温室代替传统的联动温室打造温室内部观光的核心承载地，异形温室可做到单体上万平方米、挑空15米，可种植大气的绿植，实现内部立体、生态、循环的多重观赏空间。

现代农场打造旅游竞争力，要体现农业主题化的价值。我们采用农业造型，以主体化的设计思维打造景观、雕塑、建筑等环节外，还将农业主题融入导识标牌、垃圾桶、餐具等基础及配套服务设施之中，从统一着装（本地特色服装的服务人员）、统一交通方式（果蔬电瓶车）、主题娱乐（卡通剧场、卡通巡游）、主题游乐（果蔬造型翻斗乐等游乐设施）等方面将主题化思想有机融入到现代农场之中，构建现代农场的文化符号及标志。

现代农场打造旅游竞争力，要体现农业参与化的价值。我们在打造农场之初，就要处处体现出人性化原则，在每一个环节都要让游客真正地走进农场的氛围之中，游客的深度体验是新一代农场实现旅游吸引力的关键要素。

现代农场打造旅游竞争力，要充分种植休闲度假业态。农场主俱乐部、农田野奢型精品酒店（农庄）、认养田园、寄养服务、蔬果养生、庄园等新型农业主题配套休闲度假物业，此外适度

结合传统的采摘、垂钓、农家、温泉、会议等内容，构建一个体现新时期农场休闲度假业态的新老有机组合。

现代农场的旅游竞争力打造，不再是一个单纯的课题，深度的策划、规划及经营思想已经走在了实践的前沿。如何在发展之初构建一个健康、系统的旅游竞争力体系，是新一代农场塑造全新旅游形象，在未来不断激烈的竞争中体现价值的关键。

第三代农场——要的就是那种生活方式

笔者曾作为旅游地产规划届的专家参与一个旅游地产行业的发展论坛，大家从规划、营销、投资等不同领域阐述了对旅游地产走向及未来发展的见解，还清楚地记得笔者的发言是以“生活方式”结尾的。

目前，旅游地产已经形成了很大的分支，更多的人在依托现有景区炒作的基础上，开发第二居所、分时度假地产、养老地产、文化地产，动辄投资几十亿甚至数百亿元。然而笔者个人认为，旅游地产发展到现在，都没有真正地将人气做起来，因为大家都在做旅游的文章，而没有做人的文章，大量的旅游地产成了投资品，成了一种摆设。如果旅游经营不善，那么资产将面临很大的缩水危机。旅游地产未来的走向是“一种生活方式的转变”，普通的旅游环境、交通和配套是很难打造一种生活方式的环境的。这些是旅游资源所决定的，绝佳的旅游资源大多数距离城区较远，很难通过旅游资源构建一种近城区的生活方式产品，而在笔者眼中，目前最佳的生活方式平台是第三代农场——生活方式农场也是引领未来旅游地产走向的扛旗人。

城市地产是人类居住的第一个圈层，旅游地产是人们走近自然的一个调味剂，而生活方式农场是足以改变城市居民生活方式的一个全新的产品。生活方式农场是笔者带领团队，通过近一年的研究提出的全新概念，我们对它进行了如下的定义：位于城市近郊一小时交通圈，以“健康”为首要标准导入农、林、牧、渔产业，针对当前国内城市化所产生的“自然缺失症”，以提供城乡一体的新型生活方式为主要目标，为城市居住空间提供田园化功能扩展，以游客行为“日常化”、客源市场“集中化”、旅游产品“生活化”、项目总体“可复制化”为主要特征，是一种在传统农业观光、科普、休闲、度假的基础上，用“生活”理念打造的综合型农场。

生活方式农场，构建了一个全新的生活空间，甚至是全新的社会环境。无论是老年人、中年人还是少年、儿童，都能够在生活方式农场中找到自己的乐趣所在：我们为老年人打造夕阳创智中心、活动中心，为老年人回归眷恋的田园环境提供充足的配套及交流体系，闲暇之余可以从事农事活动，全面丰富老年人的生活空间；我们为成功人士打造符合其内心浓烈“农场情结”的产品，农场主俱乐部、城市客厅、家庭农场、马术俱乐部等都是这些成年人彰显个人身份的空间；我们为孩子打造农事体验、亲子教育、农业比如世界、矮马动物王国等多项参与型项目，是孩子回归自然、体验田园乐趣和农场式教育的最大平台。

生活方式农场的魅力，在于其庞大的空间体量。我们从一个城市里的三居室，到上千平方米的办公空间，再到一个几百亩地的城市公园，动辄上万亩的现代农场，是提供现代人改变生活方式的空间保障。

生活方式农场的魅力，在于其无拘无束的田园气息。这里没有拥堵的交通、工作的压力、雾霾的天气、杂乱的人群。这里有碧水蓝天，这里山花烂漫，这里四季果香，这里牛羊为伴，走进农场，社会的一切沉重的负担，都会被这里无比休闲惬意的环境所淡化，一切的压力都会在这一片春花烂漫中消失殆尽，这里是真正的城市私属领地、家庭后花园。

生活方式农场的魅力，在于其健康时尚的发展主题。这里是有机的环境，无论是生态环境还是入口食材，都是健康的、有机的，生活在这样的环境中，更多体现人类最基本的身体诉求；这里是时尚的，我们用全新的理念发展、定位农场，不是黄土漫天，取而代之的是真正意义上的时尚腹地。

生活方式农场的魅力，在于彰显个性化的订制空间。这里没有规划的限制、空间的局限，我们更多追求人的诉求，采用订制的模式为不同喜好的人群提供个性化服务。每一个走进农场的人，都是规划师、设计师，可以在农场中无限地发挥自己的想象空间，用心筑造田园梦境。

生活方式农场的魅力，还在于这里是拥有共同价值观的主流认同。大家都是带着对农场的情结而来，都是带着改变生活方式的意愿而来，都是带着自己的家庭而来，家庭与家庭之间的相处不再是一个单元楼层却互不认识的“城市邻居”，而是一种互惠合作、真正具有交流的社会关系，家庭与家庭之间那种纯真的交流是生活方式最大的转变——老年人找到精神的支柱，青年人找到交流的空间，儿童寻到童话般的乐园。拥有同样热情和爱好的圈子，是生活方式农场的魅力，也是城市人们趋之若鹜的根本原因。

历经一年，我们以生活方式农场为题，为的是彻底改变城市居民的生活方式，为城市病逐渐凸显的居民提供一个可以实现“逃离都市”、还原生活本质的平台。这是笔者的使命，也是一种责任。

将精品酒店搬进农场

写这篇文章时候，我们正在四川做一个农场的全程规划。在向投资方介绍作品的时候，一个小细节吸引住了笔者的客户，项目经理敏锐地抓住了这个瞬间，并在浏览完全部作品后，着重向投资方讲解了这一张图：这是一张精品酒店的效果图，从设计本身来看，并没有太多的特别之处，其最大的特点在于这样一个精品酒店出现在了第三代农场中，我们将“野奢级”精品酒店直接植入到成片的茶园种植区域，酒店的背后是茶山，窗前是一片广阔的水城。

已在运营的主流农场中，很少出现类似“高端、大气、上档次”的酒店产品，更多的是体现当地民俗风格的传统农家院，或是以一种“类城市”的手法打造的居住设施。在第三代农场中，我们着重追求一种“回归田园”的意境，打造与城市环境与一般农业旅游区截然不同的休闲度假设施，融入更多“生态”元素，让第三代农场脱去“土”的外衣。

农场精品酒店，藏屋于田园。农场精品酒店与“田园别墅”

不同，我们采用最简单的建筑材料、进行简单但生态的内部装饰，将数十个单体酒店有机地融合，形成一个有特色的度假组团；我们将农场的文化融入到每一个房间之中，将田园的风光收进每一面窗户之内，以“运营”的形式产生利润。整个酒店没有城市酒店豪华的装修、气派的大厅，更多的是追求那种藏屋于整个田园之中的感觉，推开窗与整个自然对弈的情结。

见缝插针是农场精品酒店规划的灵魂。我们不是打造酒店之后才去规划种植区，而是在种植区域基本成型后，再将精品酒店有机融入到整个田园环境之中。无论是茶山、果林还是花海，都是我们可以选择的大背景空间。不但如此，我们打造的休闲度假设施不能以牺牲农场生产为代价，要让酒店成为生产区域的地标景观，而不是障碍物。

重视“非耕地”资源，是能否成功导入精品酒店模式的关键。

图 6-2　花园的精品酒店效果

在农场前期的规划过程中，要充分利用水利、河滩、荒地、林地等“非耕地”土地资源，并借助此类土地完成酒店核心配套项目的落地；此外，采用临建的形式打造部分酒店客房，如帐篷酒店、房车酒店、木屋酒店等，在不影响生产的前提下在农场种植区域落地；再者，产业政策的有效应用也是保障精品酒店落户农场的要素之一，如何在满足生产配套之余借助农林产业政策获取部分可建设用地，是确保精品酒店落地农场的关键。

在云南某地，就存在这样一个精品酒店。它坐落于一个普洱茶园之中，整个酒店由一座座被架起的木质结构的单体建筑构成，单体酒店之间由架空的木栈道进行串联，联动形成完整的接待能力——每间房间近 2000 元/晚的价格辅以茶文化、养生文化、禅修文化等，原生态的环境将农场精品酒店的魅力彰显无遗，这让大多数五星级酒店都望而却步。然而此类项目在国内确属凤毛麟角，拥有庞大的市场空间。

并不是任何一个农场都具备引入精品酒店的前提条件。笔者认为，首先，要依托大城市或依托一个大的旅游环境，保障客源，因此选择一线城市 1.5 小时交通圈、二三线城市一小时交通圈的农场为宜；其次，丰富的景观层次是重中之重，山水环境是野奢品质的天然缔造者，我们更多要借助纯天然的馈赠，而不是大手笔投入；第三，选择安置在具有一定景观价值的种植区域，让种植环境成为田园景观环境；第四，巧妙构思利用环境，不做与农业政策相抵触的设计，保障农场精品酒店拥有长期、合法的经营权。

我们将精品酒店搬进农场，是为了让每一个客人能把大自然的生态和美丽的田园搬进自己的生活。

健全的物流配送体系联动农场与消费者

物流配送是联动农场与消费者之间的纽带，一个健全的物流配送体系是三代农场实现订制农业、实现高端服务的关键所在，而一个健全的物流配送体系需要满足以下几个要素。

构建三点一线的硬件配套设施。首先，在农场合适的位置建设物流配送中心，将其与果蔬粗加工工厂有机联动，配套建设冷链仓储中心、检验中心、停车场、数据机房等项目；其次，借助车辆将果蔬产品运送至城市中转站，中转站根据城市会员数量及所处位置而择机、择地设置带有中转仓储设施的专卖店；最后，通过物流车辆将果蔬从农场或中转站运送至会员的家庭所在地。从农场到城市中转再到会员家庭所在地，三位一体的物流配套基础是打造三代农场物流配送体系的关键。

图 6-3　农场配送流程

建立健全数字化管控体系。对物流配送的目标群体——会员进行系统化的分析，按照所处区域、配送订单、消费习惯、客户反馈等不同方面完善数据信息，并通过中枢系统根据配送时间、数量等要求，合理配置物流资源，增加配送效率，降低物流成本。信息管理系统还可以全天候提供城市交通拥堵信息，为物流车量提供最为快速的交通方案。

建立当天可达的配送效率机制。现代农场在选址的过程中要将物流配送时间成本作为一个重要的参考依据，其目的是要打造当天可达的物流配送机制，即会员客户在上午拨打一个配送电话，就可以在晚餐时间享受农场新鲜的果蔬产品。响应效率高、产品新鲜可达，这是整个三代农场品质服务体系的重要标志。

保障每周为客户提供 2~3 次常规定时配送，每月提供 2 次以内免费的临时配送，超过限制的需要增加相应的配送费用。有条件的农场可以为一个会员提供两个地址的配送服务。对于会员比较集中的生活社区，可在社区直接设置中转站（专卖店），在充分保障服务质量的同时，降低服务成本；对于社会餐饮、企业客户等有较大消费需求的 VIP 客户，则可采用直接送达的配送模式。

为配送车辆设计醒目的标志，在整个配送的过程当中，形成较为强烈的标识性。醒目的标识是农场最好的流动广告平台，在配送车辆的广告体系的

设计上，除了要直观地推广农场信息外，还要将“当天可达的物流配送体系”作为核心的卖点，让服务成为农场对市场的唯一印象。

客户的需求是多元的，单独一个农场势必无法全面满足客户的全部需求，为了更为充分地挖掘物流配送体系的潜在价值，挖掘配套体系的额外利润，农场可按照既定标准与其它生产企业签约，并通过客户的订单、自身的物流配送体系向客户进行提供更为丰富的产品体系，将物流体系的价值发挥到最大。

物流体系也可以通过采购体系，将整个服务承包给专业的物流企业，农场编制相应的物流服务标准向物流企业购买服务，从而通过第三方完成整个农场对外的服务体系。物流配送体系是农场联系消费者的纽带，是农场的订制模式走进千家万户的充分保障，是衡量三代农场是否达标的一个关键要素。

投资者应关注的三大效益平衡

根据中国人民共和国国家统计局公布的官方数据显示，截止2012年底，我国乡村人口总数为64222万人，城镇人口为71182万人，虽然乡村人口在比例上已经低于城镇人口，但其基数依然很庞大。与一般投资领域不同，农业产业发展关乎整个“三农问题”的解决、农业结构的调整、全面落实中共十八大、十八届三中全会的指示精神，尤其在全面建成小康社会的维度起着至关重要的作用。要达到全民小康，除新型城镇化、整体经济发展外，最重要的还是看整个农业产业的升级和发展。以农业产业自我突破的方式来解决“三农问题”，让农民在农业新一轮改革的过程中，彻底转变角色，就地达到“全民小康”。

对于投资方而言，一定要读懂农业投资背后的社会问题，正确处理经济效益与社会效益、环境效益之间的平衡关系，才能够真正立足农业，更好地完成经济目标。

无论是农业科技园区还是三代农场的建设，都需要流转、征用农民的土地，如何更好地解决失地农民的补偿和安置问题，是投资方投资农业首先面对的问题。笔者认为，按照简单的流转、租赁土地，一次性或分年度向农民支付租金或土地使用费用，显然已经不能满足新时期农民的需求和响应中央最新指示的精神。我们需要创新与农民之间的合作关系，一方面通过系统的培训，让具有相应的素质和劳动能力的农民就地转化为产业工人，企业为农民发放工资，上社保；另一方面让农民以耕地和宅基地的部分价值化为整个农场的股份，农场根据每年的收益情况向农民发放经营红利；再者，通过农场的影响力，带动农民从事与农场业务相关的散养、粗加工、特色农产品搜集、旅游纪念品制作、农家乐经营等配套产业，从其它层面带动农民创业、致富。农民就业问题的解决，是农场投资为农村带来的最大社会福利。与此同时，与农民多层的合作空间和荣辱与共的合作模式，可最大限度地激活农民的积极性，提升生产效率，最终带来的是农场的经济效益提升。

三代农场与一般的生产型农场不同，新一代农场的综合属性更注重景观化、休闲化、舒适化，将传统的生产作业区域打造成为可以称为“景区”的环境，将从根本上改变农村的生产用地的传统印象，改善农村的整体环境。此外，笔者建议投资方在投资和打造农场的过程中，要根据自身实力将“美丽乡村”建设与新型城镇化有机结合，一方面能够整体带动当地乡村的发展，另一方面还能够提升农场整体的品牌价值，而乡村整体环境的改善，也为整个农场产品的品质提升带来更好的美誉度。新型城镇化和美丽乡村建设，在某种意义上可以为农场带来一定的建设用地指标，而建设用地指标正是三代农场综合发展的有力保障，自然也会带来最终的经济收益。

打造一个能够持久盈利的农场，盈利性质决定了投资方持续追加投资的能力，关系到产业工人能否获得更好的收益，关系到当地居民能否获取更多的红利，关系到当地围绕农场打造的配套产业是否能够共同发展。企业的最大目标就是获取效益，因为效益是支撑企业发展和完成社会及环境效益的根本保障。

社会、环境、经济三大效益是一个相互作用、互为影响的关系，这层关系在农场投资领域显得尤为重要。正确处理三大效益之间的平衡关系，是农业园区、三代农场得以可持续发展的永恒动力。

“小米”与农业，做一个没有农场的农业整合者

从美国的苹果公司到中国的小米公司，这两个企业都是资源的整合者，它们并没有自己的工厂，却享受着科技、研发、品牌以及整合能力带来的这个产业链条上的最高利润回报率。对于现代中国的农业产业，是否也支持“小米”模式？之所以提出这样一个话题，源于我国农业产业的发展状况，我国的农业生产更多是以自然人、家庭为主要生产单位，单个生产单位的竞争力有限，缺乏统一的生产标准、缺乏品牌影响力和话语权。在企业化、集约化的生产方式尚未成为生产主体之前，这个行业正在呼吁一个全新领域的诞生。

创造一个独立的农业品牌。一个具有高认知度和影响力的农产品品牌，是农业整合者的必备要素之一，是通过文化软实力和品牌影响力构建农业帝国的重要抓手。除构建母品牌外，还要针对不同区域、不同产品类型构建子品牌体系。

构建全产业链健康标准体系。从种植、采摘、粗加工再到深加工，一个完善、健康的标准体系决定了我们整合资源的质量。为了降低与单个生产者之间繁琐的合作关系，我们需要与小型农业园区、专业合作社这些可以按照标准生产的企业或机构进行合作，再由小型企业或合作社统筹生产。

加大市场推广，重点抓市场建设工作。发挥自身的特点，利用资本和平台，加大广告投入和推广，重点建设目标市场群体，将市场建设作为“整合工作”的重中之重。只有掌握了市

场这一关键环节，才能在农业领域复制“小米”的奇迹。

增加“科技”、文化等软实力投入，打造农业繁荣的永恒动力。对消费市场、农产品供给市场进行系统的分析和调研，一手掌握消费者的消费倾向，一手掌握竞争对手的生产状态，以便向“代工”农场下达科学的订单。此外，加大对农产品的挖掘力度，通过进一步梳理农产品的营养价值、受众人群及健康饮食的投入，逐步增加产品的附加值；加大对农业文化、品牌文化的投入力度，增加产品的厚度，提升产品在业内的综合评价及核心竞争力。

整合当地最好的优质产品，做大自然的搬运工。除了委托“代工”农场进行订单式生产外，还将充分挖掘各个区域的“地理标志”产品，并围绕“地理标志”产品做好“搬用工”的角色，将各个地域最具特色的农产品搬到城市居民的餐桌，同时挖掘各个地域特色的纯手工加工的“食品”，如家庭“酸菜”、家庭腊肠（肉）、家庭酱油、家庭生产的土鸡等产品，并将这种代表原生态的家庭礼物融入城市生活。

引进深加工企业，做大平台，做大产业链条。与果汁(酒)、干果、罐头等深加工企业合作，借助第三方的力量，将自己掌握的果蔬及粮食产品加工成更具附加值的产品，并结合自身品牌将产品销售给终端客户，在保障时令产品获得更长保存时间的同时，获取更高的利润空间。

引进专业的物流企业，做好配送工作。一方面，要将各地的产品收储到区域中转中心，直接或经中转后将产品配送到销售终端或目标客户所在地。另一方面，**在建设自身专卖店的同时，将自身的产品送入同等级别的专卖店及商超销售终端。**在整合的过程中，拥有自己的专卖店体系还是必要的，一方面专卖店可以成为各个区域的统筹者和中转者；另一方面自身的销售终端可全面提升销售利润，把握产业规模。此外，要将自身产品打入其它同等级别的专卖店或高等商超进行代售。

作为一个没有农场的整合者，要全面发挥自身资本、品牌、视野、理念、市场和平台的影响力，全面借助第三方的生产、加工、物流及销售终端的能力，将整个农业链条以一种更标准、更健康、更有特色、更具文化气息的形式进行包装，进而从各环节赚取产品利润。这里考验的是投资方的整合能力，全面出击方能在农业领域复制“小米”传奇。

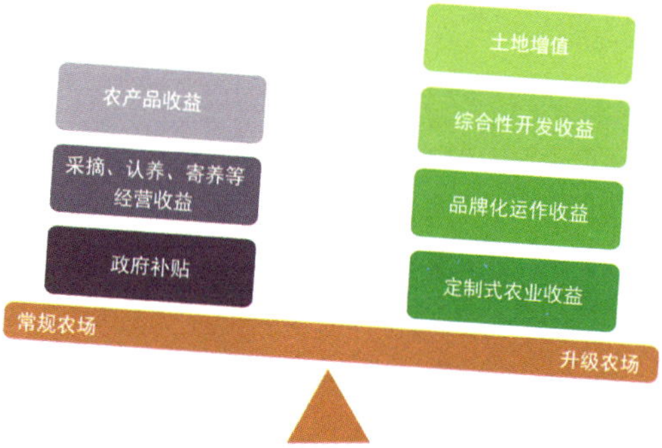

图 6-4　常规农场与升级农场的收益体系

谁说农场不赚钱

走的地方多了，听的也多了，我国大多数农业园区项目都在靠政府的补贴维持，很多农业项目虽然在科技上已经脱贫，但依旧不赚钱，为什么？排除国家政策主导的粮食及蔬果价格因素外，生产理念、产业链条、销售模式、营销方式及销售渠道建设等诸多方面，都是影响农场是否盈利的关键要素。

首先，国家主导粮食及蔬果价格，农业项目如果想要追求利润，就会产生两种不同的生产模式：一种是应对国家农业政策，以“中粮大户”、“产业合作社”为代表的以追求总产量和机械化为主的量化生产方式，利润微薄但产量巨大，总起来会产生一定的农业收益；另一种是以市场需求为出发点，找准农业消费市场的金字塔结构，为具有消费能力的市场消费群体提供服务，全面突破国家政策对价格的限制，从而获得较高的农业收益。单从农业生产的维度来看，上海的多利农庄是一个

具有代表性的项目。

其次，产业链条的纵深发展也是农场盈利结构重要的一环，每增加一个链条环节，就会产生一个链条的利润。这里的产业链条纵深分为两种方式，一种是引入简单的冷链物流和粗加工体系，为农场生产的蔬果产品提供初级的包装及贮存，较小幅度地增加产品的附加值；另一种是将农业从单纯的生产向深加工进行转变，由第一产业转化为第一、第二产业联合发展的模式，全面提升产品附加值。在我国，核桃种植园的生产模式仅限于单纯的核桃生产，将生产出来的核桃直接销售或出口国外，而在美国的核桃产业中，对于核桃这一个小小的农产品的利用几乎达到的极限，果壳作为制作活性炭的原材料，而果仁被制作成罐头、核桃油、精油等不同产品，产业链条的延伸在每一个环节都提升了核桃的附加值，自然也将利润留在了农场。根据自身能力的不同，适度延伸产业链条，也是农场盈利最大、最现实的一个。

第三，产品再好，没有对接市场的渠道，没有超前的营销模式都是徒劳的。在我国的农业产业格局中，问题并不在于生产能力和生产技术，而是在整个环节中，没有打通品质产品直通品质消费者这个最关键也是最致命的通道。对于农场而言，生产好的产品是核心竞争力的体现，而找准消费人群、建设恰当的流通渠道是整个农场价值得以变现的主要因素。

为什么农场尚未赚钱，投资农业的人却又趋之若鹜？这样的矛盾体才是最让人感到恐惧的，也正是因为如此，我们才要打造真正能够赚钱的农场，让农场本身能够成为一个经得起投资者推敲的项目，而不只是一个投资的幌子而已。

未来中国，会形成两种不同的农业价值观：一种是以保障民生为核心目的的，在政府政策的主导下生产，虽然实现了粮食及蔬果价格的“准市场化”，但是也是在政府的干预下进行生产和流通的，在价格略高的时候，国家会补贴消费者，让老百姓能够买得起生活资料，而在价格略低的时候，国家会补贴生产者，让生产者不至于没有利润和生产的动力，在这样的体系下，会逐渐形成央企、国企、集体企业、专业合作社、种粮大户、个体农民等不同的农业结构，保障国家粮食安全；另一种是以市场需求为核心，以三代农场为代表的“奢侈农业”的缔造者，打造消费者金字塔顶层的产品，三代农场生产真正的小众但符合高端市场消费需求的产品，无论是产品品牌、深加工还是产品服务等环节，都会产生较高的附加值体系，将形成三代农场、农业园区、家庭农场、企业及私人定制农场等奢侈农业格局，以彰显农业品牌及品质的影响力。

农场的盈利结构会横跨第一、第二、第三产业。从生产环节来看，生产内容、生产方式、生产文化及生产品质等都将被三代农场挖掘到极限，既然是从品质消费市场需求出发，自然要符合品质消费的现实需求，同时要结合粗加工、订制服务、当天可达的物流配送体系，奠定整个农场盈利的基础；从加工

环节看，以蔬果类为主要生产内容的农场，有必要打造自身的深加工体系，例如，从蓝莓种植到生产鲜食蓝莓、蓝莓酒、蓝莓汁、蓝莓醋、蓝莓酱、蓝莓精等，深加工体系可全面提升农场的利润；从三次产业角度衡量农场，农场在规划之初就要体现其丰富的景观性和文化性，进而可以导入旅游、休闲、教育、娱乐、度假等产业，以农场生产园区为载体开展三产服务业，在生产与加工之余获取服务产生的附加利润。

除农场硬件带来的收益外，由于三代农场的综合性质，其内部潜在的品牌增值、综合开发带来的外围配套收益、农场运作过程逐步转化的建设用地收益、农业土地增值收益等都是未来三代农场收益体系的组成部分。

农业的盈利体系需要全社会的关注和支持。只有生产繁荣、加工繁荣、营销繁荣、物流繁荣、市场认可，才有整个农业的大繁荣体系。在任何一个环节、任何一个链条出现短板，都会成为农场盈利的拦路虎。只有社会资本从“供需关系”的本质上解决核心矛盾，才能够全面构建盈利性农场，否则像多利农庄这样的农场也只能是凤毛麟角，甚至是昙花一现；也只有解决了农场自身的盈利性，使得投资商可以通过农业本身获得充足的投资回报，才能从本质上提升我国整个农业产业，降低投资方对于农场的“另类需求”。

七斗规划：

未来发展看规划

“3时代农场”如何规划

走过了“拍脑门，用脚踢”的传统农业规划时代，无论是农业科技园区还是三代农场，都需要专业规划机构的鼎力支持，那么我们该如何选择一个合适的规划机构？

目前，从事农业领域规划服务的机构大致有三类：一类是以农科院、农规院、农业大学及社会上专门从事农业技术类规划服务的企业构成，这些机构注重土地整理、生产区域划分、灌溉系统、生产交通及一些配套服务设施的规划内容，主要以满足农场生产为核心目标，其竞争优势在于对农业种植领域的专业把握；一类是以农业旅游规划为核心业务的旅游规划设计机构，正是受农业园区的综合发展及旅游带给农业全新的变化，以及观光农业、休闲农业对整个农业产业的改变所影响，旅游规划院以农业旅游为核心目的，为投资方提供农业园区的规划设计服务；第三类是以农业立项、获取补贴、提供农业信息甚至以复制自身品牌的名义对外提供规划设计的服务商，这种服务提供商要么是掌握市场数据的咨询公司，要么是掌握政策资源的顾问公司，要么是自身具有丰富的实操经验。从实际的效果来看，任何一类规划机构都不能单独完成一个农业项目的规划，各类机构各有千秋，很难说孰轻孰重。

投资方作为一个资源整合者，完全可以整合2~3类的规划机构为农场提供服务，关键在于如何把控引入智囊的时机。笔者认为，投资方应首先选择具有农业项目规划经验的旅游规划机构对项目进行合理的规划，这是由投资方对规划的核心诉求所决定的。综合的开发属性，旅游化、景观化、开发化是技术服务类机构所不能完成的工作，因此应在前期在农业专家的指导下，从更宽泛的角度对整个农场的地块进行较大尺度的规划，划分出生产区域和配套区域，并对生产区域的进一步规划提出要求。投资方可根据自身实力确定是否再委托技术类规划机构对“上位规划”中划分出的生产区域进行二次规划。

一个标准的规划至少需要以下内容：一是要对农场所在城市周边的农业发展情况、类似农业园区和市场消费能力进行系统的调研，做好前期的数据准备；二是对项目地块的规划面积、交通区位、地形地貌、自然及人文资源、土壤水文、季风气候、土地性质等因素进行系统分析，做好基础调查；三是明确农场发展的总体定位，确定土地红线，农场与村镇的统筹关系，策划主题形象，将整个农场的规划愿景展示给投资方及项目主管单位，获得主管单位的认可；四是对农场进行合理化布局，确定生产、旅游及其它配套功能区域，并对各个区域的投资进行初步测算；五是明确农场农业经营方式、利润渠道，做好投资收益平衡；六是根据生产、旅游、配套等不同功能，合理测算灌溉（生活）用水、用电、道路交通等基础设施的规模，并围绕测算做好相应规划；七是包装农场品牌，其中包括农场及农产品两个方面，在农场打造初期树立鲜明的主题形象；八是协助投资方明确土地性质，测算流转土地及征用土地的面积及范畴，协助投资方以最有利的方式完成土地收储；九是在实际工作过程中，可根据实际需求对规划进行机动性调整。

专业的农业技术类规划也是不可或缺的，这包含土壤与水质的专业检测、灌溉、生产标准、农业技术引进和产品定位，在“上位规划”完成后，将直接指导农业生产工作。

从规划角度来看，根据农场面积、地处区域的区位、交通及周边环境可将三代农场大致分为旅游主导型、综合发展型、产业主导型三种不同类型。

表7-1　三代农场定位划分　（单位：平方米）

定位方向	交通、区位	面积	周边环境
旅游主导型	距城区或主要旅游区较近	≤2000	拥有核心吸引力景区或区域旅游大气候
综合发展型	距城区或主要旅游区较近	2000—5000	拥有旅游大气候
产业主导型	交通发达，距离城市较近为佳	≥5000	对周边其它项目的要求不高

从农业角度看，三代农场采用订制农业这一消费者主导生产的产品定位策略，可以逐渐从自主生产向订单式生产进行转变，从而降低经营风险、提升利润空间。

从旅游角度看，三代农场需要通过旅游功能实现口碑营销、用户体验和全产业链监督，同时通过旅游经营获取更多的利润渠道，降低农场的营销成本，提升农场的美誉度和品牌影响力，旅游带来的综合开发属性也是农场未来开展连锁经营，全面体现品牌价值的重要途径。

做好规划，做好顶层设计，让三代农场赢在起跑线上。

农场选址 10 大关注点

如果你是一个正在转型的投资方或是一个农业领域的投机者，打算将农业作为二次腾飞的战略方向，再或者您像笔者一样是一个为农业投资者服务的规划师，建议大家与笔者一起来探讨一下农业园区选址的问题。在这里，笔者只是表达自己的对三代农场选址的个人观点。

占据消费市场是我们为三代农场选址的第一要素。三代农场主打的是品质客户，因此在农业领域的起步阶段，首先要将省会级甚至是一二线城市周边具有农业产业开发潜力的土地收入囊中，因为我们占有的不仅仅是土地，而是一个庞大的市场需求。土壤是可以改良的，环境是可以再造的，但是与市场的时空价值是无法复制的。

战略的眼光是三代农场选址的第二要素。今天是农场，十年后就是城市。在今天，无数个老牌产业园区、工业园区的业主因为城市的发展和土地的增值而暴富。选择农业土地也要关注城市规划和城市发展，在一些三四线甚至是二线城市周边都存在类似的机会，我们可以选择在这样的区域中打造我们的三代农场，既可以获得短期的农业收益，还有可能谋取一个更加深远的未来。

良好的资源基础是三代农场能否快速发展的关键。气候、土壤、水资源等都适合打造农场，既有可以实施大面积机械化生产的大田，也有符合设施农业生产的领域，甚至还有适用于养殖的沟谷及山林，资源基础是我们选择农场的关键要素之一。

在以上条件满足的基础上，交通可达、物流成本是三代农场选址的必要因素。首先是交通状况，毗邻高速入口、国道、省道及县域公路，在理论上具备抵达目的地市场的良好交通条件，产品可以在短时间内运抵消费终端，游客也可以通过便捷的交通快速抵达我们的农场；其次是物流成本，距离、收费、时间等要素都将直接影响物流成本，降低物流成本可以提升产品竞争力，增加产品利润。直线距离并不代表区位优势，交通距离和物流成本才是拉近消费市场的关键。

土地整理成本是影响三代农场选址的一个关键要素。农业本身是一个微利行业，因此投入的越多注定我们需要越长的时间来收回，而前期投入的很大一部分都在土地整理上。在选址之前，要较为精确地测算一下土地整理成本及土地成本之间的关系，如果坡地土地整理成本已经高于平缓土地的流转价格，那么我们需要深思熟虑，或者将土地整理成本考虑到位后再进行决策。

当地农民的配合程度及文化素质都是直接影响一个农场能否快速运营的关键。三代农场需要大量的产业工人，而这些产业工人直接的来源就是当地的农民。很多农业投资方向笔者诉苦，因为农民素质过低、积极性不高直接造成的亏损比经营失误更高，因此在选址过程中应该考虑当地农民是否符合三代农场的需求。

土地存量及单块面积是农场规模的决定者。三代农场的需求土地一般都在3000亩以上。如果当地土地存量不够或土地无法连片势必会影响农场的定位和建设，这些问题都可在后续的规划、建设和运营中解决，但是选择一个连片面积足够满足农场需求的地块是一个关键诉求。

地域文化是一个三代农场是否可以打造软实力的关键。如果当地拥有丰富的农业文化、地理标志的种植内容、特殊的农业文化品牌等影响力，这些都会对我们打造农场具有建设性的意义。贡品、地理标志产品、特殊产地等，都是我们打造独一无二的卖点的关键，而当地可以融入农场的文化资源，也是我们打造核心卖点的要素之一。

是否存在未来发展空间是三代农场选址的发展标准。任何一个农场都有建设、培育和发展等不同阶段，农场发展一旦进入正轨，当地是否存有更多的土地空间，就成了未来限制农场进一步发展的关键。这里指的空间有两个部分：一是在选择的农场周边，是否具有存量土地以供我们扩大经营；二是周边是否具备承接我们外部订单的生产用地和相关合作社。无论是直营还是品牌输出，农场都需要发展空间，并且越到后期越发显得重要，这要求我们未雨绸缪。

良好的人脉关系是农场选址的一大要素。良好的人脉关系可以更好地完成流转、拆迁等工作，还可以降低土地成本、增加销售渠道，在各个环节降低损耗，提升建设速度和回收周期，因此投资方首次投资农业，应尽量选择在自己或合伙人最熟悉的地域，待农场品牌影响力逐渐增强后再考虑异地投资。

相信每一个人都有自己的标准，每一个人都有自己的诉求，园区选址从来都是一个开放的课题，有些特殊的种、养项目甚至会要求远离城市，有些个性、自然的生产需要特定的区域和特殊的环境，因此我们不可能一概而论。笔者总结以上十大要素，更多的是针对一般的农业投资者而言，希望能够在农业投资领域掀开良好的开篇。

重视农场里的非农土地

前面说过，在农业产业园区的规划过程中，最终起到关键因素的土地并不是耕地，因为耕地在农场中并不属于稀缺品，反而是非农土地才是未来农场配套与升级的关键所在。

这里所说的非农土地，主要指的是林地、荒地、河滩地、水利设施用地、工业用地、宅基地以及一般农田。基本农田是很难转化的，任何在基本农田搞建设的问题都难以逾越，这是我们在打造农业产业园区、三代农场过程中最棘手的问题。因为在农业产业发展的过程中，农业政策中允许的那些建设配套用地指标已经远远满足不了三代农场的综合型发展的需求，即便是在规划中对建设用地进行规划调整，即便是规划获得政府相关部门的认可，也很难直接在基本农田上进行，而此时农场中的非农土地就显示出其必要性。

非农土地在正常农场中的比例是比较少的，因此在选址的时候，要尽量对应着土地性质，寻找到非农土地较多的地块，以便满足农场在发展过程中对“可转化用地”的需求。

巧借当地政策，在经营过程中通过土地优化与治理和土地大规划的调整，逐渐将治理后的非农土地转化为基本农田。在这一点上，并不是每个地区都存在类似的政策，也不是每一个农场在规划阶段就有土地调规、调整的机会，是可遇不可求的。

通过规划合理布局，将非农土地巧妙融入到功能体系中，在规划过程中将非农土地转为建设用地，并通过规划愿景积极地向具有审批权的政府部门申请土地指标落地。

作为非农土地里的宅基地，是未来农场规划中最重要的一环。在万亩级农场的规划中，基本会涉及4~6个行政村，然后借助国家政策按照“农场+特色小城镇”的模式，对农村宅基地进行整理，一部分结合小城镇建设做一定体量的配套开发，一部分在原地进行复耕，将土地指标转移到农场中需要的位置。

无论是林地、荒地、河滩地还是宅基地，非农土地在农场对配套的需求加大、农业对产业链条纵深需求加强的过程中，越发显得珍贵。

农业主题化——个性农场的化妆师

在我国，无论是农业园区还是农场，其功能均从单一的生产逐渐走上了农业观光、休闲等综合发展模式，然而在旅游已经成为农业园区规划的一种必选套餐的同时，农业项目依然依托传统的种植、科技观光、农耕文化、农耕体验等方式吸引客源，在对农业本身文化的深入挖掘、农业景观的塑造、整个园区主题的统筹上，依然还有很大的差距。

从景观的角度来看，主流农业园区内的景观主要呈现以下几种表象：一是对农耕文化的追逐，通过对农具、耕牛等传统农耕文化的雕塑化来实现农业的景观化；二是大田种植花海、苗木、草药等，实现户外大面积农业种植景观；三是通过温室技术，在北方引种南方特色的植物，并通过一定的布局体现一种温室内的景观展示；四是利用仿生造型，实现门区或具有地标性的建筑景观；五是利用模具搭建造型，再利用植物的种子、瓜果或根茎等组合成一个全新的景观内容；六是对民俗文化的挖掘，通过民俗文化中的一些传统内容，如脸谱、剪纸、手工艺品等内容实现景观雕塑化。无论传统还是现代，无论是具象还是文化，现阶段的农业观光园区、农业科技园区、农场的景观都缺乏创新动力，缺乏系统性和有效的组合力，农业园区给人的一种味道仍旧是“土”得可爱。

一个问题出现了，我们是需要农业的景观，还是农村的景观？农业的景观将如何体现？在我国，农业造景艺术做得最好

图 7–1　某南瓜主题农业园

的非中国寿光国际蔬菜博览会（以下简称菜博会）莫属。菜博会是一个由当地自发组织到多个专业队伍参与的世界领域的蔬菜产业盛会，除了其本身的展示和交易功能外，主办方借助多方智慧，利用蔬菜、种子、花卉等不同元素，为世人奉献出了一届又一届的视觉盛宴。用种子拼成的地标性建筑、中华龙图腾、万里江山、花卉树、民俗文化等农业造景，借助农业科技，展示出的番茄树、茄子树、立体农业、种植廊道等，均能够体现出不错的农业景观。无论从展示规模和每年近500万人次的游客总数上来说，菜博会都创造了奇迹，然而在这样的轰动效应下，菜博会对于农业景观的挖掘也只是冰山之一角，那么什么样的景观才可称为农业景观呢？

农业园区、三代农场的景观主要体现在系统化的主题上。这里所阐释的景观主要是针对农业而言的，并非通常理解的民俗和传统的农耕文化。

农业的主题化，是实现园区差异化的主要抓手。从种植内容选择、软文化实力注入、园区造景、产品包装、产品形象、园区形象、休闲、娱乐等配套功能的各个层次统一主题，统一认知形象。以红酒庄园为例，从红酒种植、酿酒、酒疗、品酒会、沙龙，到私人葡萄园、私人酒窖、企业定制产品等覆盖生产、加工、餐饮、休闲的各方面都能体现出红酒主题；门区、标识牌、葡萄长廊、酒瓶组合雕塑、酒桶制作的小品、酒瓶造型的路灯，处处都能体现出红酒文化的景观节点。笔者认为，一个现代园区或三代农场的系统主题化景观，主要体现在以下几个方面。

图 7-2　菜博会上蔬菜和种子拼成的景观雕塑

园区景观农业化

与一般的旅游型景区景观设计要求的美化、绿化、亮化等不同，农业园区或三代农场需要通过农业化的景观处理方式，凸显与其它类型项目的不同之处。我们以农业作物作为绿化、美化园区的首选；选择体现农业主题的雕塑小品系统地展示，杜绝出现“另类毁三观”的个性化雕塑冲淡整个主题；对接本土文化，与农业文化有机结合形成农场自身的文化脉络，用农业主题讲故事。

农业种植景观化

通过规划对种植区域合理布局，在保障生产量、生产效率不受影响的前提下，保障生产区域的景观性。重视旅游观光、休闲、度假和居住区域种植内容的景观化选择，保障至少一年三季均有可看之景；通过景观化的布局，种植采摘区域的作物和果树，让游客在景观中体验采摘的乐趣；统筹种植区域的色彩协调，使之形成具有一定影响力的大地景观；丰富温室内部格局，使得观光温室的室内种植更具景观化；在园区重要节点采用立体农业或农业造景的手法，打造依托农业种植形成的地标式景观；沿道路种植藤类农作物，同时满足生产、观光、遮阳的功能。

基础设施农业化

基础设施的景观化是农场最容易忽视的一个环节，而正是因为被很多人忽视，才需要我们重视。笔者曾做过一个小课题，即用农业造型完成厕所、垃圾桶、提水站等基础设施的景观化改造，例如，我们用风车、水车造型完成了山顶提水站的景观改造；用彩椒造型设计的垃圾桶，绿色部分代表可回收垃圾，黄色部分代表不可回收垃圾。巧妙利用某一种农作物完成一种配套服务设施的设计，经设计过的基础服务设施从最小的细节处体现了农场的主题化和景观化，解决了水泥蓄水池给环境带来的影响，并通过一个小小的垃圾桶提升了整个农场的气质。农场基础设施的主题化思路不仅限于一个农场，在农业创意的背后蕴含着一个庞大的产业价值，一个未来农场亟需的产业供应体系。

旅游活动主题化

农场的旅游活动从原始的观光逐渐向休闲、娱乐及度假进行转变，在旅游转型的过程中，硬性植入的痕迹尤为明显。农业园区、农场的旅游项目只是在项目中引入了或大或小的一些游乐设施，这些游乐设施给游客带来了更多的体验环节，给经营者带来更多的经营性收入，但从本质而言，其游乐设施与农业之间并无任何联系。未来农场、农业园区的游乐设施的发展方向是主题化，在不久的将来将会诞生“农业主题公园”，以农业元素为造型的主题设施将会成为未来农场引入游乐设施项目的首选。此外，旅游活动的各个环节都应充分融入农业元素，形成具有震撼力的体验氛围。

雕塑小品农业化

雕塑是最直观的景观体验方式，而对于农业项目而言，其雕塑要么杂乱无章，要么只是最为具象的展示。农业主题的打造，需要更为系统、更具创意的农业化雕塑小品体系，将更多地凸显农业的张力，体现农业与人类之间的交流，将雕塑小品这种最直观的农业主题景观展示凸显得更加具有文化性、艺术性、创意性。

建筑风格主题化

受建设用地影响，建筑在农业项目中的体量都不会很大，虽然建筑在体量上并不是主角，却起到了管理、承接、创收等至关重要的作用。在新一代农场的设计要求中，我们要力争达到建筑风格的主题化。

门区设计是整个三代农场的第一印象区。建筑主题化要从大门设计抓起，一个大气、凸显农业氛围的门区设计是三代农场面向市场的第一道风景。

将温室一分为二，即生产型温室和观光博览型温室。生产型温室（尤其沿路）是北方农场景观化最大的症结，主要体现在管理用房的设计上，我们可以通过创新对管理用房进行主题化改造，让生产型温室在发挥其生产作用的同时，更具美感，更能融入到整个环境之中；对于观光博览型温室，农场通常向厂家直接采购智能联动温室作为承载空间，但一般的联动温室对三代农场而言明显不具备核心竞争力，我们可以通过自主设计异形温室的方式来提升，后文将详细介绍，本处不再展开。

功能型建筑也是农场建筑主题化的重要承载。餐厅、酒店、会议中心、室内垂钓、运动娱乐等功能用房除了要体现农业主题，在设计时还要与其功能有机融合，并从建筑立面上能够直

观告知其建筑功能。

交通方式农业化

沿道路两侧注重目力所及范围内的景观化打造，从行道树、花卉、路灯设计到周边通过设计堆砌的沿路景观小品，都是农场道路的景观化体系的组成部分。

在主要人行游览道路处设置种植廊道，可打造葡萄长廊、丝瓜长廊、葫芦长廊、番茄长廊等，使得道路本身既是农业种植区，又是主题贴切的旅游观光景点。

电瓶车的主题设计，是农场交通方式农业化的重点——我们可以通过自主设计，打造水果造型、蔬菜造型的电瓶车，将电瓶车打造成农场一道流动的风景线。

节庆活动主题化

以人为本，体现主题化，凸显日常化，是三代农场等现代农业对节庆活动的基本要求。

通过亲子类活动关注人们在农耕体验中的高层次追求。与传统的“我演你看”不同，三代农场顺应其体验属性，打造的节庆活动以游客为主，并且在参加农业活动过程中收获更多。

蔬菜服装创意大赛、果蔬创意比赛等活动能提高游客对创意农业的兴趣，并形成常态化机制，规避常规节庆的季节性影响。

将采摘节转变成丰收节，让游客与农场主同庆。这也满足了三代农场转变生活方式的具体需求。

将美食节、艺术节、音乐节、开捕节、渔猎节、传统庙会等节庆有机融入到三代农场中，并形成月月有节庆、四季都精彩的体系。

服务流程农业化

无论是餐饮、会议、酒店还是导游产业工人，我们需要围绕他们设计一整套符合农业主题的服务流程。这里提及的“农业”并不是“民俗”，我们不追求农业的“土”，反而是美轮美奂的田园背后的那一抹“农业气质”。

文化形象主题化

一个小 LOGO 所带来的具有较大影响力的 VI 体系，是三代农场必须专业化的一项内容。它决定了农场的灵性和文化，决定了农场的印象和气质。围绕一个农场的种植、养殖、运营及管理者气质打造一个符合农场自身的文化形象，是三代农场能否达到主题化的关键。

异形温室——农场里的高富帅

在农业园区中一般存在两种温室：一种以纯生产任务为主，其主要表现形式为冬暖式、土大棚；另一种是科技含量较高的智能联动温室，可用作生产、育苗、展示、观光、生态餐厅等不同功能。这两种温室要么具有标准的尺寸，要么拥有标准的模块，基本上不需要额外的设计过程。我们将按照农场既定文化、风格和功能的需求，通过自主设计完成的明显区别于上述两类温室的温室定义为“异形温室”。

异形温室的出现，有效弥补了传统温室的不足

在农场的现实需求中，传统的联动温室最多只能做到5~6米的挑空，一些高大的乔木很难在普通温室中种植；每个温室2000~3000平方米的单体面积，很难设计出一些震撼的景观体系。传统联动温室在其功能延展上，明显显得有些捉襟见肘；在观光游览的模式上，也很难突破。

异形温室采用钢结构的建筑形式，结合玻璃、阳光板及部分膜结构构建，其建筑高度可达20米，单体建筑面积可达1.5~2万平方米。异形温室采用最先进的温室智能控制技术，并在此基础上局部实现了太阳能发电技术以满足部分能耗需求。

异形温室是新一代农业园区、三代农场的现实需求

异形温室是一种地标型建筑，可从根本上提升农场自身的景观性与核心竞争力，属于“投资较大”但影响力更大的一种鹤立鸡群式的产品，是任何普通温室不可替代的一种产品，符合三代农场的划时代发展的要求。

异形温室具有明显的文化属性。一个自主设计的产品与一个从市场上订购的产品相比，最大的特点就是个性化，而个性化的凸显标志就是对文化属性的彰显。将本地文化、农场主流文化中的某一个元素与温室设计有机结合，符合三代农场追求个性化、品牌化的具体需求。

例如，同心温室的创意设计来源于鲁班文化的一则典故。鲁班是百工始祖，鲁班的妻子也是一位发明家。在鲁班的协助

图 7-3　鲁班文化创意产业园同心温室

下，鲁班的妻子发明了我国第一把“伞”。我们以油纸伞为造型，通过创意设计了一个面积为1.2万平方米的异形温室，挑空高度达到15米。我们以“同心”命名温室，除了在主题上符合“鲁班文化创意产业园”的文化脉络外，还通过“纪念鲁班与其妻子”的爱情来发掘鲁班的另外一面。

鲁班文化创意产业园拥有较大面积的农业用地，在符合其土地性质的前提下，打造一个与鲁班文化相结合、且具备旅游开发价值的产品是我们的设计初衷。因此，在“同心”温室的功能构成上，将科技农业、观光博览、主题游乐等功能结合起来，使其在成为鲁班文化创意产业园的一个地标的同时，达到旅游核心吸引物的高度。

异形温室具备打造震撼景观的前提。我们可以在异形温室中，种植热带乔木，营造震撼水景，结合立体农业造景，在异形温室中形成一种更具影响力、更具主题色彩、更为丰富的观赏景观，这是三代农场借助旅游、景观吸引人气的现实需求。

异形温室为“温室”功能的延展带来革命

异形温室在本质上更是一种“建筑”，而不单纯是一种生产展示空间。异形温室具备丰富的延展性——除具备普通的种植、研发、科普、展示、观光等功能外，异形温室可成为个性独特的生态主题餐厅、室内大型垂钓园、室内游乐园、室内娱乐中心、海啸馆、造浪池、博览会、温泉水会、运动中心等，可以横跨多个领域、多重功能，是一种植根农业园区却发挥着旅游、休闲、运动、餐饮、会议、科技体验等不同功能的用途多元化的农业类建筑。

三代农场对功能的需求越来越丰富，可建设用地却没有增加，因此我们需要借助异形温室承载更多的农场需要建设用地才能完成的功能。

异形温室多组合模式，具备可持续发展品质

异形温室在设计过程中，并不是一个单体建筑，我们可以通过对文化的解读，将温室设计成一个或多个温室的组合，并通过不同温室之间的功能分配，达成一个更具有震撼力的异形温室组团。

异形温室组合模式，可实现异形温室的分期开发。我们可以设计多个异形温室的组合，可根据项目的资金准备情况、开发阶段来分布实施，降低异形温室造价较高的影响。

多个异形温室之间需要通过生态廊道、温室廊道等不同形式进行连通，进而形成无缝游览空间，确保温室之间从本质上是联动的，而不是互为孤立的。

异形温室的数量取决于文化属性和单个温室的面积需求。异形温室的单个面积越小，其单位成本越高，因此在总面积确定的基础上，合理安排数量和单体面积是降低造价的主要抓手。

异形温室的组合模式也为其功能选择提供了更为丰富的空间。我们可以赋予单个温室一种既定的功能，来避免单一温室内部功能杂乱带来的基础设施复杂、控制难度大、需要加上人为隔挡等问题。

七星联动异形温室的每一栋都有不同的侧重点，内部有廊道联系，周边大田种植景观与整个温室群形成有机的整体。整个七星联动温室总面积为3万平方米，分为两个等级，2大5

图 7-4　某组合异形温室设计概念图

小。本图仅为概念意向图，不代表最终设计成果。

异形温室对设计及温室技术提出更高要求

要同时具备建筑设计与温室技术两个专业背景，懂得建筑设计但不清楚温室技术是很难达到异形温室的设计要求的，反之也是一样。异形温室设计是一个跨建筑及农业专业技术领域的设计课题，因此只有在统筹考虑两个技术领域的实际需求的基础上，才能保障异形温室设计的要求。

传统的内外遮阳、水帘风扇已经不能达到异形温室的需求，这要求我们在这两个领域提出创新，可引进大型场馆建筑的温控系统，采用内部二层遮阳的方式来解决，但需要造价更低的解决方案。

异形温室需要在明晰其功能属性和种植需求的基础上经过创

意完成设计。功能及种植需求决定了其挑空、面积及基础设施的安排，因此先决条件的落实是完善异形温室设计的关键之一。

在异形温室的设计过程中，要提出打造空中观光走廊的概念，这一概念如能在异形温室的设计过程中得以实现，势必引领农业观光领域的革命。

异形温室与室外环境的有机融合是革命性变化

异形温室的魅力不仅限于温室内部，由于异形温室更多地承载了农场地标建筑的功能，因此需要周边环境与异形温室之间达到融合统一，让一年四季的色彩变化与温室之间形成不同的景观效果。

异形温室的功能已经不再仅限于室内，室内外结合是其功能延展最大的魅力。我们可以让游客在室内观光到户外游览的过程中，直接从“热带雨林走向温带森林”，也可从“异国风

图 7-5 “岐山湖之心”异形观光温室

图 7-6 湿地娱乐中心

情走向本土文化”，亦可从“果蔬世界走向山水湿地”，从“室内的人为打造走向室外的真山、真水、真田园”，这样的超级震撼的景观组合完全可以通过对异形温室的室内外融合来实现。

技术指数：项目占地 2 万平方米，其中温室占地 8000 平方米。“岐山湖之心”温室最高达到 20.5 米，是一个多功能温室建筑。

文化属性：我们将其塑造成为整个园区的核心，无论文化属性、地标效果和地理位置都与其文化定位相融合；此外，室内外结合的造景方式，也是“岐山湖之心”的一大创新。

功能构成：室内种植热带植物，展现异地风情的同时营造绝佳的观光效果；生态餐饮、水疗、娱乐休闲等功能是“岐山湖之心”的组成部分，与其上部的度假中心相结合。

室内外结合：“岐山湖之心”向上连接室内，由地下通道

图 7-7 “岐山湖之心”异形温室周边环境利用示意

直接抵达度假宾馆和会议楼，结合发展洗浴中心项目，向下联动岐山湖湿地娱乐中心，使得游客从温室环境中直接走到室外大湿地环境，同时参与湿地环境中的休闲娱乐项目。“岐山湖之心”异形温室联动室内、连接室外的设计理念，是整个温室流线系统和功能布局成功的关键。

异形温室与养老产业的结合是一个行业创新

异形温室与室外景观的结合是旅游、观光、休闲的具体需求，但异形温室的包容属性还具备与建筑之间的融合性。

异形温室可根据功能需求，将“建筑与温室”有机结合，既能更好地满足功能需求，又能通过温室降低建设指标的使用。例如，温泉水会可由永久建筑与异形温室构成，永久建筑承担换洗、康体、休闲、娱乐功能，而异形温室满足室内温泉洗浴的生态环境建设需求，从而达到实用和降价的双重作用。

在三代农场与养老产业的结合过程中，尤其在中国北方地区，异形温室也将发挥其至关重要的作用。将养老公寓、养老社区与异形温室有机结合，永久建筑部分作为养老的住宿、餐饮、养老等功能承载，将异形温室作为“生态休闲、餐饮、运动、棋牌”等功能的承载，如此的组合模式不仅为养老人群提供了一个晚秋、冬季、早春的“室外”运动空间，其温室与建筑的组合也在某种意义上达到了为建筑降低能耗的作用。异形温室带来的生态环境及恒温条件，可以满足老年人冬季户外运动的需求，丰富老年人冬季的业余生活空间。

造价是影响异形温室走向常态的瓶颈

相比于从市场上采购智能联动温室，自主设计及施工的异形温室的造价过高是其短板。

联动温室采用既定的模块，一个设计方案可供应整个市场，在设计、生产环节都达到了降低造价的条件，而异形温室需要自主设计，施工材料的造价明显高于普通温室，施工工艺、基础配套等均高于联动温室的需求标准，因此其造价高是一种必然。

我们可以控制异形温室的面积，合理规划异形温室的数据指标等，尽量降低异形温室的造价，同时通过增加异形温室的经营范围和经营收入，提升异形温室的投资价值，来坚定异形温室的投资决心。

不是所有农场都需要异形温室，投资方可以根据自身实力以及对异形温室的需求程度来决定是否投资打造异形温室。此外，根据现实需求来决定是否打造异形温室，对于必不可少的功能需求，在投资回报达到平衡后，是完全可以考虑异形温室的。异形温室造价高，但与达到其效果的永久性建筑相比，还是相对划算的。此外，异形温室的使用年限是普通联动温室的2~3倍，测算异形温室的实际价值应结合折旧来计算，协同考虑自身农场的经营年限来决定是否采用异形温室。

无论如何精打细算，造价都是制约异形温室发展的瓶颈。但任何事情都是一把双刃剑，较高的造价更有利于发挥强者优势，实现部分有实力农场的率先突围，逐渐改变这种“大小都一样的”平淡局面，实现农场领域的金字塔结构。

笔者认为，异形温室的“高富帅”属性，正是农业产业化发展初期、投资者大量进入之时，为有实力的投资方提出的一个快速走向高位、快速树立自身形象与核心竞争力的有效途径。异形温室，敢为人先，勇居人先。

天心茶园——将企业客厅搬进茶山

天心茶园位于江西省宜春市，距离南昌市1.5小时车程，总规划面积一万余亩。茶园拥有得天独厚的生态环境，四面环山，一个面积达2700亩的水库坐落于整个茶园的中央；缓山坡地形、富硒土壤是国内茶叶新贵——“黄金芽”优良的生产基地。规划区已建成高标准茶山1000余亩，已形成种植、采摘、制茶、储茶、体验式售茶的产业链雏形。天心茶园在一期提升、二期扩建的过程中，提出了由单一生产型茶园向综合型茶园进行转变的目标，介于此发展契机，笔者走近天心茶园，成为天心茶园升级规划的执笔者。

解析国家农业政策、对接市场需求、挖掘天心茶园尚未发掘的潜力、与当地政府征求土地政策、因地制宜、巧妙布局，为天心茶园全面转型打造一个全新愿景：依托规划区良好的生态环境和资源基底，以富硒茶叶种植为基础，创新性地引进企业定制茶庄模式，导入新时代的茶文化，融入富硒健康品牌，构建天心茶综合产业链，打造一个集茶叶生产加工、观光体验、康养休闲、餐饮娱乐、生态度假、商务会议于一体的富硒

图 7-8　天心茶园独特的山水环境

茶园生态旅游综合体；国家 4A 景区、樟树旅游名片，引领江西高端茶修文化生活方式，成为江西茶文化综合产业品质升级的标杆力作，江西 “慢茶生活”休闲度假第一品牌。

坚持以茶产业为核心，完善和提升产业链条

茶是园区产业的核心、文化的灵魂，站在现有的产业基础上，对茶园进行精细化种植分区、实行数字日志化管理，保障黄金芽对品质的追求。导入全新的体验式种茶模式，使茶园成为企业、家庭的定制和认养田园。

依托天然山体地势，建设全国第一个洞穴式山体茶窖，建成后将成为茶园的标志性景观。整个茶窖掩映在天然的山体氛围之中，显现曲径通幽的独特韵味。茶窖内配置恒温恒湿的制冷设施，根据各种茶叶的属性打造适宜的储茶环境，实现储

图 7–9　天体茶窖效果

茶、展茶、品茶等功能。整个茶窖的最大特色在于，茶窖外部覆土种茶，形成“外有茶园，内有洞天”之趣。茶窖建成后，一则满足整个茶园的储茶需求，二则作为旅游景点对游客开放，并通过全国唯一的稀缺性形成竞争力。

通过全新的种植模式，结合茶园现有的采摘及制茶技术，实现了茶叶种植、生产加工、专业仓储、产品销售、休闲消费的全产业链。

借助资源融入旅游，丰富茶山的产品和盈利体系

依托天心湖，打造环湖观光慢游景观大道，游客可沿木栈道、自行车道体验慢生活的修身养性，将环湖的风光尽收眼底；打造水上旅游线路，游客可乘快艇驰骋碧波，也可乘茶园特色的“商船”，在船上享受茶艺和特色美食。

图 7-10　生态度假酒店效果

沿水系布局会议中心、生态度假酒店、滨水商业街，形成天心茶园最具商业氛围、夜生活情调的区域，是山水商务和园区生活的主要承载空间。“一盏茶”精品酒店、茗汤SPA，是天心茶园最高端的休闲度假项目，为高消费人群提供最具特色的度假体验。

充分利用规划区天心湖广阔的湖面打造大型水上游乐项目——动感水世界。欢愉的儿童水上乐园、惬意的滨水烧烤空间、自在畅游的天然泳池、无限开敞的沙滩露营地，配套打造水休闲运动部落，热气球、沙滩排球、游泳馆、竞速滑道、自由漂流等项目与茶园生产区域形成动静结合。

依托富硒土壤打造富硒生态采摘园，种植水稻、果蔬产品，丰富园区的农业产业，降低茶叶产业的季节性影响，促使茶园的农业休闲体验逐渐走向常态化。

观光、休闲、会议、度假、运动、餐饮、娱乐等丰富旅游功能的注入，为天心茶园的综合开发提供了永恒动力，全面提升了茶园的综合盈利能力。

发展庄园定制经济，将城市客厅搬进茶山

针对企业客户，以定制的模式打造企业茶庄，构建江西企业的茶园会客厅。企业定制茶庄沿茶山巧妙分布，见缝插针地融入茶园之中，或出落于绿意山头，或依傍于粼粼湖面，或筑在茶园、采撷芳茗，或行船出水、梦寻茶株。个性化的自然福地，是企业主自由发挥和创新的空间。

企业茶庄是借助家庭农场的产业政策，促进天心茶园逐渐走向定制生产，实现茶园的庄园经济模式的一种尝试，是破解

图 7-11　企业茶庄效果

高端茶叶市场逐渐萎靡困局的良方。企业茶庄即可作为企业自主的休闲会所，也可作为一种精品酒店的形式，通过酒店经营的途径获取收益。

合理利用建设用地指标，打造旅游地产中的“陋室茗”

通过规划，获取一定的建设用地指标，用以打造旅游综合配套项目。天心茶园基础投资大、投资回收期长，单靠茶叶产业、旅游经营很难在短期内形成稳定的收益，因此旅游配套项目的开发是天心茶园投资平衡的一个重要因素。

享受休闲，为游客带来那种“茶渔饭后”的生活方式

“茶渔饭后”是结合茶园茶叶、天心湖养殖业打造的一个具有一定品质的特色农家品牌。游客走进“茶渔饭后”，亲身体

验“渔猎”活动的乐趣，同时可将战利品通过委托加工或DIY的模式进行消费。“茶渔饭后”在产品形态上更像一个能够体验全新生活方式的休闲驿站，在这里畅饮、垂钓、就餐、观景、休闲、听曲，走进茶园，走进一个全新的生活方式。

禅茶一味，联动庙宇打造原生态禅茶种植园

投资方与项目周边某寺庙达成一致，携手共建以禅茶文化为核心的禅茶种植园，构建禅茶种植、禅修度假、素斋美食、禅茶养生、禅茶茶艺、禅茶论道等产品，成就江西禅茶文化的典范。“杯盏芳茗、茶烟袅袅”，品一味茶汤，得一分闲适，在此修身悟道，自得其中。

图 7-12 不占建设用地打造的休闲旅游效果

茗人会所，打造成为没有沙盘的营销中心

依托规划区唯一的小岛资源打造的湖中天茗人会所，在葱郁繁茂的岛中犹如自然生长出一栋建筑，是规划区最为瞩目和闪耀的“壶中天地”。整个会所呈现茶壶的造型，由两栋建筑围合而成，含“湖中自有天地”之意。根据地势打造流水景观，由会所流向湖中，如“壶口”芳茗倾泻而出，中间天井中庭为核心景观区，内种植高品质茶，实现“茶园”触手可得、俯首即是之感。

茗人会所采用会员制经营模式，针对特定高端商务人群开放，仅为会员提供。在运营初期，将承担起体验式营销功能，整个会所是天心茶园观光、休闲、餐饮、度假品质的最好代

图 7-13　某会会所

言，是茶园产业、旅游、度假及旅游地产最好的营销平台。

升级产业、导入文化、丰富产品、获取建设用地，多重战略指导天心茶园由单一生产型茶园向茶园文化旅游综合体进行转变，在完成自身蜕变的同时，带动周边乡村产业融入、提升农民总体收益，也为所在城市带来了一张横跨第一、第三产业的新名片。